TURINYS

Pirmiausia, šią knygą skiriu Tėčiui.
Tu - pirma nelaimingai išėjusi mūza.
Ir visoms mūzoms,
kurios manyje atidarė jausmus,
kuriuos su laiku buvau pamiršusi ir apleidusi.
Skiriu knygą tiems, kurie pažadino mano
vidinę miegančią mergytę,
kuriai nėra nieko brangiau už galimybę kurti...

GABRIELĖ DABAŠINSKAITĖ

Piešinių ir poezijos rinkinys

"Kai Mūzos Miršta"

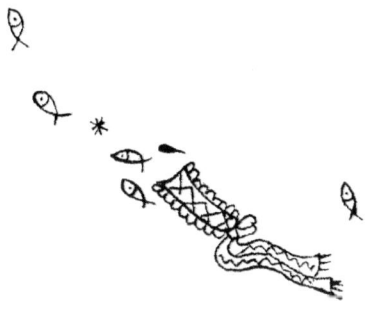

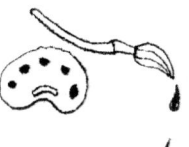

Jei atsivertei šį lapą, tai vartai mano pirmąją knygą. Turbūt mane pažįsti arba dar tik susipažinsim. Laikas niekada nestovi, ir mes kaip upės vingiai, bėgame mums nuklotais takais link naujų žmonių, naujų patirčių. Aš tikiu, kad viską, kas mus aplanko, sudėlioja likimas. Ir nėra reikalo priešintis. Reikia tiesiog priimti tai atvira krūtine, išskėstomis rankomis. Arba paleisti ramia dūšia, jei kartais žmonės mus ir palieka. Tikiu, kad kiekvienas sutiktas žmogus, mus kažko išmoko. Tad visada laukiu naujos pažinties. Taigi, mes ir susitikom. Tiesiu Tau ranką, tariu "Labas"! Mano vardas Gabrielė Dabašinskaitė. Papasakosiu šiek tiek apie save ir kaip gimė mano knyga.

Paišyti pradėjau dar būdama vaikas. Takutis į Kauno Dailės gimnaziją, išugdė matyti pasaulį kitaip. Visada jaučiau, kad esu kitokia. Tačiau vaikystėje buvau labai drovi ir daug dalykų slėpdavau savyje. Vėliau sekė studijos Kauno Dailės Institute, Vilniaus Dailės Akademijos fakultete, Kaune. Pabaigiau grafikės bakalauro laipsnį. Įstojus į magistrantūrą, išlošiau žaliąją kortelę ir nebaigus studijų, išvykau į Ameriką. Taip prasidėjo naujas mano gyvenime etapas. Čia gimė trys mano vaikai. Kūryba buvo labai apleista. Tiesiog buvau gera mama. Tačiau, vaikams paaugus, praėjus dvidešimt metų po atvykimo į Ameriką, aš ir vėl paėmiau pieštuką į rankas. Tas pamirštas pasaulis, mano praeities, užgriuvo mane visais klodais prikauptos manęs. Kaip aš vadinu, pažadinau savo mažąją "Aš". Aš pradėjau taškytis į pasaulį jausmais, emocijomis, skausmais, džiaugsmais, sapnais, viltimis, liūdesiu, laime, meile. Nesistengiau savęs sustabdyti ar bijoti. Leidau sau būti savimi. Per trejus metus, prikaupiau nemažai ranka paišytų piešinėlių. Po fotografijų ir piešinių ciklo parodos "Vidinio vaiko beieškant" (Lietuvių Dailės Muziejus, galerija "Siela", Lemont, 2022m.), suvokiau, kad tai nepabaiga. Pasibėrė ne tik piešiniai, aš atradau poeziją. Eilėraščiai tapo mano terapija, einanti greta su paišymu. Taigi, ši mano pirmoji knygelė - tai tęsinys, kuris paprasčiausiai turėjo gimti.

Knyga "Kai mūzos miršta" susideda iš 56 eilėraščių ir 44 piešinių. Knyga sudaryta iš dviejų dalių. Pirma dalis yra lietuviški eilėraščiai. Antroji- angliškai rašyti eilėraščiai. Sudėjau juos į vieną rinkinį, nes abi kalbos man yra labai brangios. Aš jau puse savo amžiaus gyvenu Čikagoje, tai ir kalbu abiejomis kalbomis. Mano eilėraščiai, tiek lietuviški, tiek angliški, yra skirtingi, kiekvienas sukūrtas ir išjaustas skirtingais mano gyvenimo etapais.

Man kūryba yra didelė dalis manęs. Be paišymo ir rašymo, aš jau daugiau nei dešimtį metų fotografuoju kūdikius, besilaukiančias mamas, šeimas, vaikus, retkarčiais fotografuoju renginius (JustGaba photography & drawings). Taip pat šoku išeivijos lietuvių moterų tautinių šokių kolektyve "Rusnė".

Turbūt pažiūrėjęs darbus, suprasi, kad lietuvybė, pagonybė, tautosaka, graikų mitologija, zodiakai lydi mane visuose darbuose. Labai mėgstu smūlkias detales, užkoduotas mintis. Kiekvienas mano piešinys turi prasmę, kiekvienas turi paslaptį, paslėptą simboliuose. Dažnai girdžiu žodžius iš žmonių: "Neužtenka vieno žvilgsnio, suprasti , ką vaizduoja Gabrielė". Tikra tiesa, į mano darbus reikia įsigilinti, pamatyti paveikslą per savo prizmę. Kiekvieną kartą, žiūrėdamas, pamatysi, ko nepastebėjai pirmąjį kartą. Man labai patinka "wow factor". Kai kurie mano darbai yra šiek tiek šokiruojantys, net nepatogūs. Kiekvienas turime dvi puses: blogąją ir gerąją. Mano darbuose gėris ir blogis yra labai dažnas reiškinys. Taip pat kūdikio tematika, motinystė, moters seksualumas ir, aišku, mandalų motyvas, kuris mane seka jau daugelį metų.

Gimiau Lietuvoje, Kauno mieste. Gegužės 1d., 1981m. Esu visiškas miesto vaikas. Tėčio tragiškai netekau, būdama šešerių. Mane augino mama su močiute. Esu iš dvynukių, turiu artimą sielą sesę Simoną, penkiolika minučių už mane jaunesnę. Taip pat dešimtį metų jaunesnę sesę Karoliną. Tad užaugau praktiškai tarp moterų.

Polinkis menams pasireiškė dar vaikystėje, tai mama mane su sese leido į menus: šokius (tautiniai, breikas ir pramoginiai) muziką (pianinas, gitara). Bet su laiku išsivystė didelis noras piešti ir įstojimas į Dailės Gimnaziją, sustabdė visus kitus hobius.

Rašyti visada sekėsi. Vaikystėje mėgdavau rašyti dienoraštį, vaizdingus laiškus draugams ir to meto mylimiesiems, retkarčiais eilėraščius.

Mano dėdė Vladas Ivaškevičius, mamos brolis, buvo rašytojas. Gyveno, dirbo ir rašė iki mirties Rusijos gūdumoje. Matyt, šeimoje yra "rašytojų" gyslelė. Tik mana dar neišvystyta, iki galo nepažinta. Smagu kapstytis savyje ir vis atrasti kažką naujo.

Piešinių ir poezijos rinkinys "**Kai Mūzos Miršta**" - tai seniai išlauktas, išsvajotas projektas, užtrukęs net tris metus. Visada jaučiau, kad aš paišau "eilėmis". Kai jausmai ir emocijos nesutelpa manyje, aš tiesiog kuriu. Ši knyga - tai Aš. Džiaugiuosi, kad mano vidus įgavo ne tik sielą, bet ir kūną.

MOKSLAI:

Kauno Dailės Gimnazija, (Lietuva) 1987-1999.
Kauno Dailės Institutas, Vilniaus Dailės Akademijos fakultetas Kaune 1999- 2003
(specialybė- taikomoji ir vaizduojamoji grafika).
Web dizainas ir Grafikos dizaino kursai - Art Institute Of Shaumburg, IL. 2006

DARBAS IR AISTRA:

"**JustGaba photography & drawings**" nuo 2013 - iki dabar

www.justgaba.com
www.instagram.com/justgaba_photography/
FB: JustGaba photography & drawings

"**JustGaba   Art**" nuo 2021 - iki dabar

www.justgabastore.com
www.instagram.com/justgaba_art/

Ten kur tyliai miegi tu

...Nežydi jokios gėlės
Tavęs nepasiekia jos lietus
Barškėdamas lyg vaiduoklis
Apie voratinkliais apaugusį langą
Tuk tuk dūžis į ausį
Negirdi kaip maivosi šmėkla
Nes bijai atverti akis
Užrakintomis blakstienomis
Joje gal ir pragaras
Bet gyvas ugninis vėjo gūsis
Kurį palietus ištikši savimi
Ant auksinės lėkštutės
Tave suvalgys jos įsčios
Bandydamos atgimdyti atgal
Niekas nepadės surikiuot minčių
Bet gal pakratys begėdės aistros
Šilkinio rūbo neužvilksi
Bet papuoši jos vasarą viltimi
Kuri prašosi įleisti
Tarsi vaikas padabintas kaspinu
Ten tarp kojų - gyvenimas
Syvalgyk kaip saldainį
Kurį vėliau išvemsi krauju
Ne savu
Beprotės šmėklos.

2023.07.11.

12

Pasaka

Parašyk man pasaką,
Gražią ir tyrą
Su laminga pabaiga,
Kur drugeliais byra.

Suvalgyk mane saldžiai,
Kad neužmigčiau graudžiai.
Išplauk mano trupančius plaukus,
Užkalbėk mane lyg burtus.

Aš atmerkus akis, pražysiu,
Spalvom neregėtom.
Nakties muzikoj paskendus,
Rankom surakintom.

Tu nušluostysi mano kūną,
Susiūsi man burną
Kur žodžių siela kankina,
Garsų mintim baugina.

Padovanok man plunksnelę,
Lapo baltumą
Aš nupiešiu tau sapną,
Įpūsiu ugnelę.

Tik ateik, nebijok,
Išgirsk tu mane šioj gelmėj.
Atrakink grandines ir paklok,
Man karštą, kad atgimčiau upės tėkmėj.

2023.01.31.

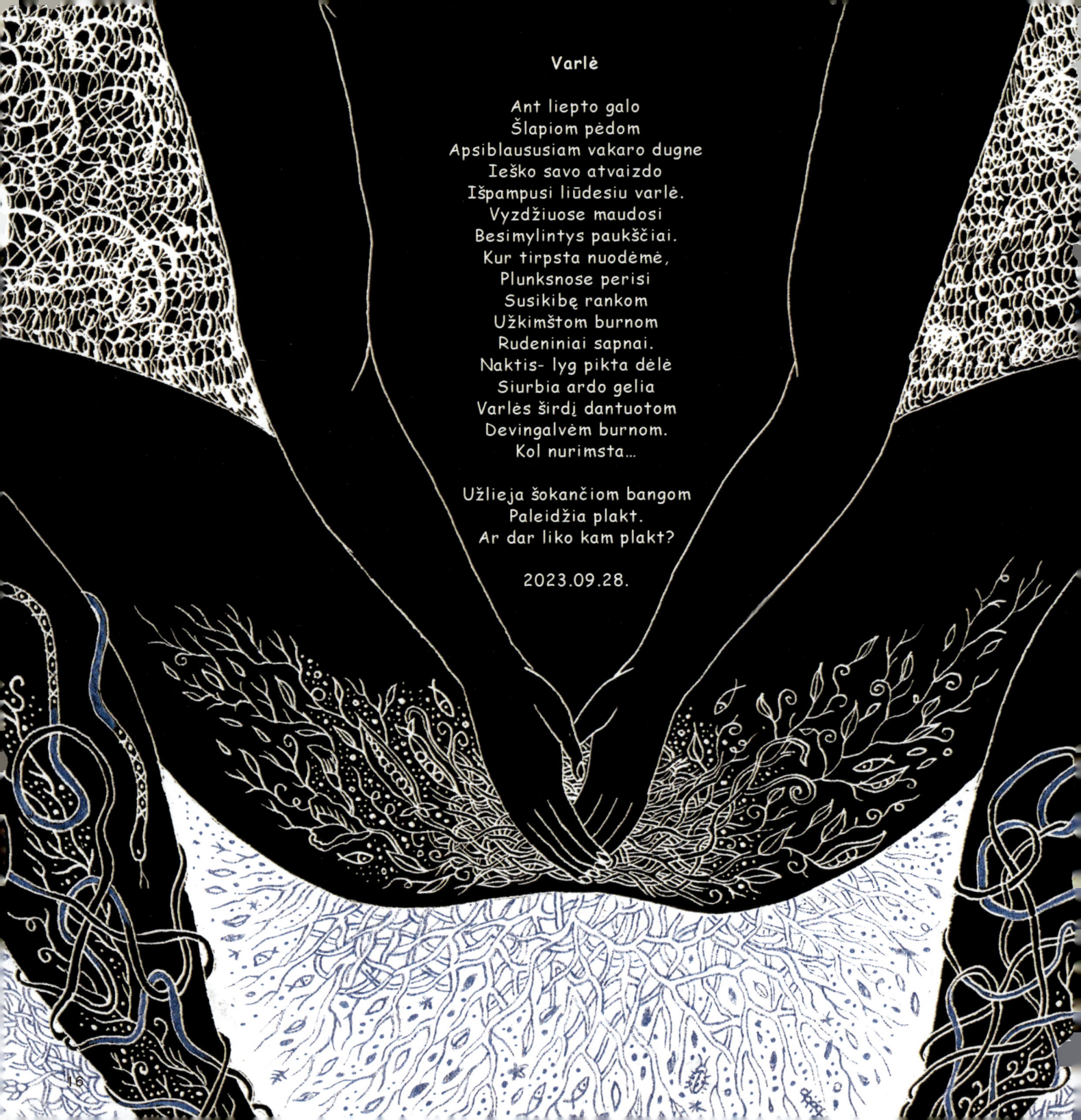

Varlė

Ant liepto galo
Šlapiom pėdom
Apsiblaususiam vakaro dugne
Ieško savo atvaizdo
Išpampusi liūdesiu varlė.
Vyzdžiuose maudosi
Besimylintys paukščiai.
Kur tirpsta nuodėmė,
Plunksnose perisi
Susikibę rankom
Užkimštom burnom
Rudeniniai sapnai.
Naktis- lyg pikta dėlė
Siurbia ardo gelia
Varlės širdį dantuotom
Devingalvėm burnom.
Kol nurimsta...

Užlieja šokančiom bangom
Paleidžia plakt.
Ar dar liko kam plakt?

2023.09.28.

17

Atsisveikinimas

Mano meilė išėjo
Neatėjus
Tarp žiedų rašiau
Atsisveikinimo maldą
Degiau ir varvėjau
Akmenėliai subyrėjo
Ir kaltė nuvilti išgaravo
Akyse žaižaravo horizontai
Laukė kvietimo
Mana siela
Neliko baimės
Tik širdies plakimas
Išėjau pašaukta sapnų
Langus užvėriau
Tą plyšelį užlopiau žaizdom
Neįleisiu!
Atmerkiau širdį
Kvapus užuodžiu
Savęs tik nerandu

..dar nelaikas..

2023.05.04.

Basomis

Aš tave pati sau susikūriau
Ir tau vardą sugalvojau mintyse.
Nebyliai akimis tave šaukiau,
Paskendus jūros nąsruose.

Tavim meldžiaus ir kvėpavau,
Užsiklodavau kas naktį.
Šildžiaus ir kentėjau,
Nes tik skausme save radau.

Nurimus audrai, saulė praskaidrėjo,
Smilgose nusidrieskė takai.
Aš basomis pas tave atbėgau,
Deja tik aidą tavo pėdsakų radau.

2023.04.20.

21

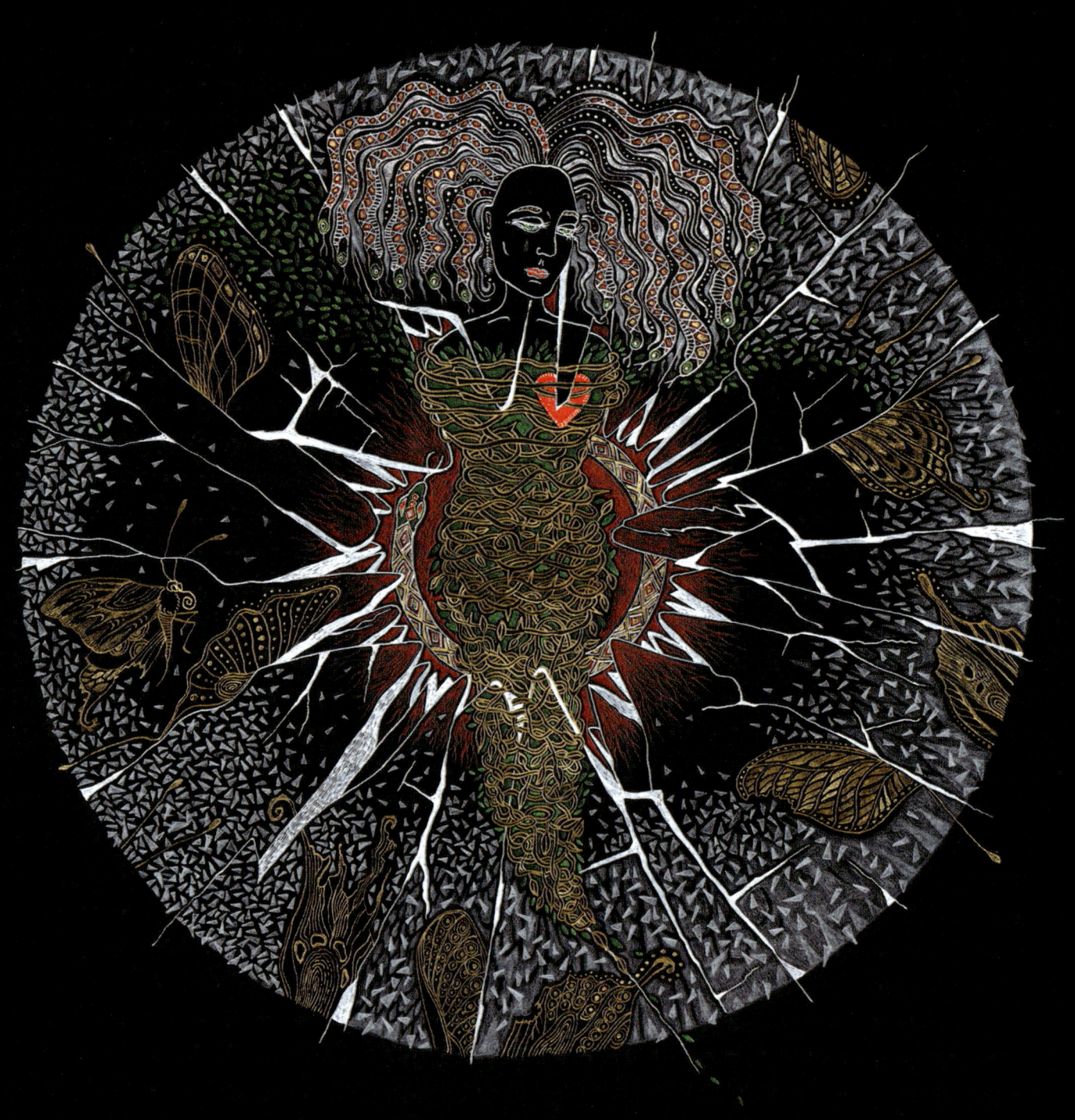

Nurimk

Pievoje užmigo vasara,
Barstydama kaulėtus dantis.
Išsidarkiusiuose jos plaukuose
Sau kapą išsikasė mirtis.

Išsinėrusi iš skūros,
Blaškėsi seilėta gyvatė.
Naiviose jos akyse blėso
Ir tirpo pavėlavusi viltis.

"Tu per anksti, tu per vėlai" -
Staugė išsisketęs ruduo.
Lupo gėles nuo jos krūtinės,
Ir žiaumojo nasrais išgimdytas mintis.

"Nurimk, kvaišele, pailsėk!
Žiemoje išmoksi save nupaišyti
Dar nesuspėjai gyventi,
Neskubėk ir numirti."

2023.09.20.

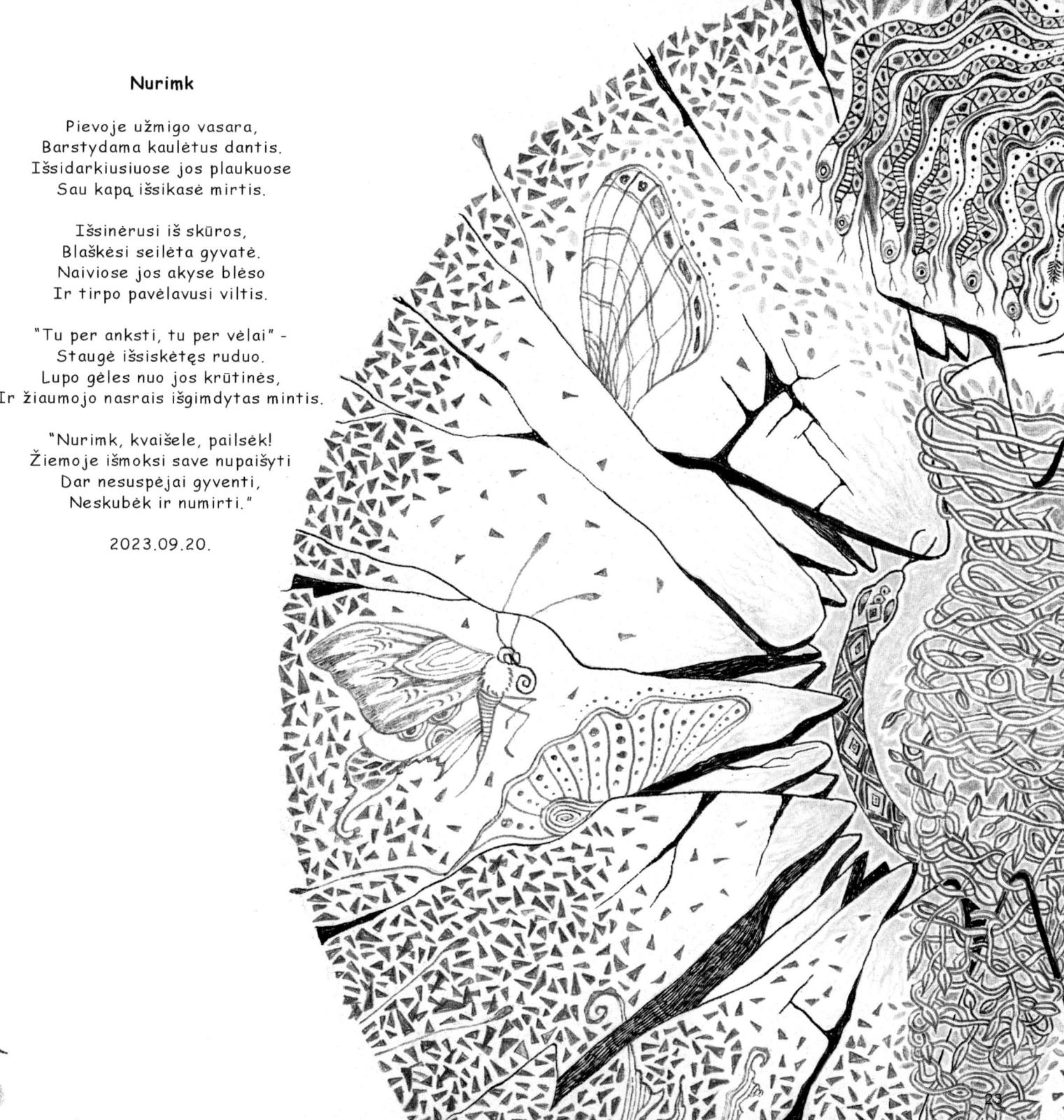

Nuodėmė

Paimk mane jėga
Užspausk rankas
Užgriūk mane liežuviu ant krūtų
Savo gyvuliu į mane ateik
Nelauk kol pakviesiu žodžiais
Speneliuose išskaityk
Pašiurpusioj odoj
Kūno traukuliukuose
Kai negali savęs sustabdyti
Nes visu kūnu
Drėgme tarp kojų
Trokšti paliesti
Paslapties kuri lyg nuodėmė
Be kurios negali
Ir kankina ir žadina
Ir pasiklysti akyse kitų
Nes bijai pripažinti sau
Kad pralošei šią kovą su savim
Ir patampi silpnas
Nes visko ko trokšti
Tik numirti tuose
Bučinių prisilietimuose.

2023.02.07.

25

Gilus šaltis

Tavo akys
Gilios bet šaltos
Jose praraja
Tarsi lieti drugelio sparną
Per stiklą
Be tikslo
Be dvasios
Savas atiduotum
Išplėštum visą gyvenimą
Kad tavasias užpildyt

2023.05.15.

Užkalbėjimas

Mintys begėdės
Pabėgo į ausį
Girdėti saldu
Paliesti įkvėpti

Nuogumą apčiuopti
Sparnais pasipuošti
Ištirpti tarp kojų
Tavęs paragauti

Per stiklą bučiuoti
Įsipjauti
Raudonoj upėj paskęsti
Rūku pravirkti

Lūpas užsiūti
Minčių negimdyti
Akimis nemirksėti
Užmigti paleisti

2023.03.25.

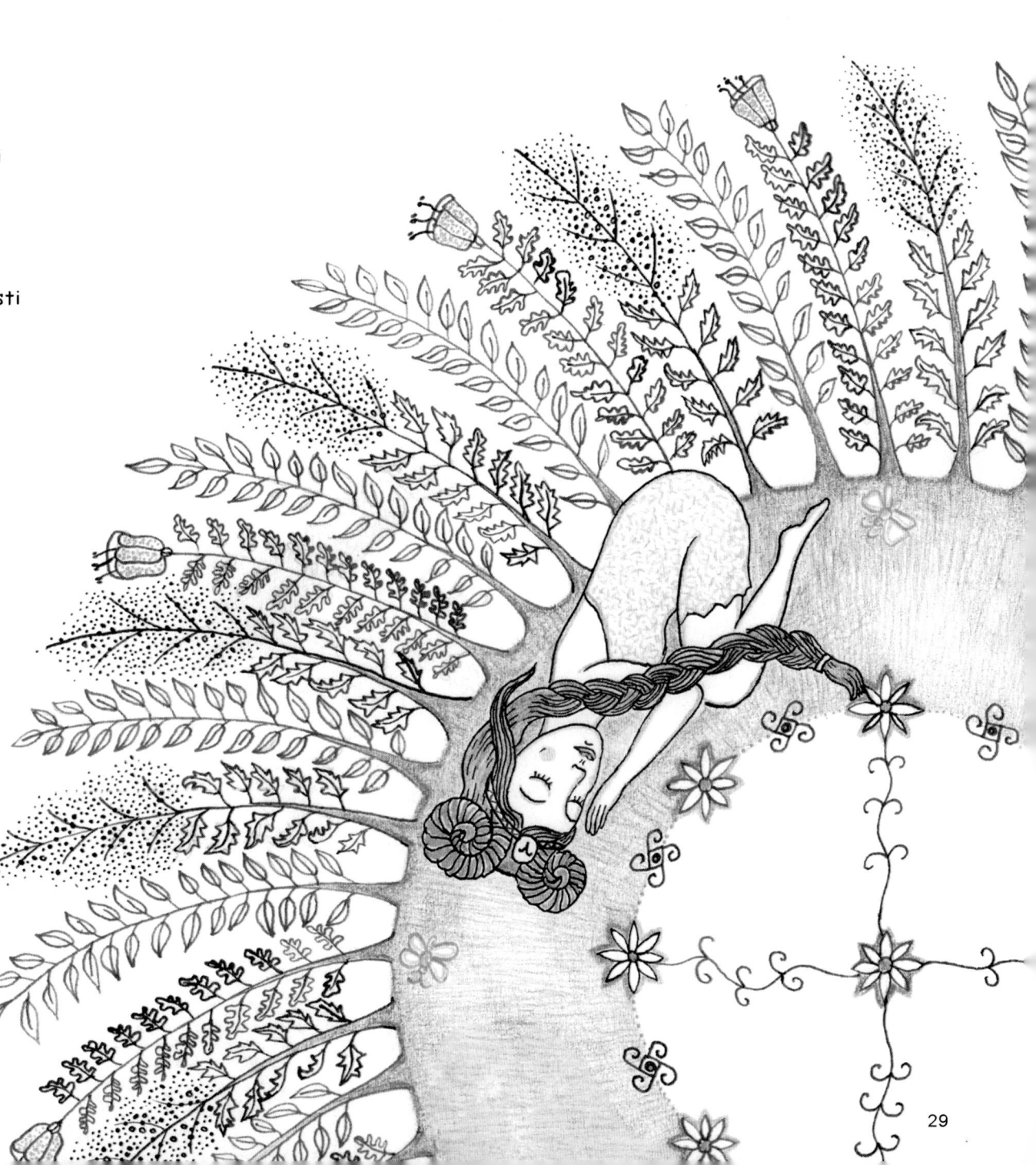

29

Tyloj

Išeiti lengva,
Pavirsti nieku.
Supykti lengva,
Nusivilkti kaukę.

Tuščiai meluoti,
Sudaužyti sapną.
Užpūsti aistrą,
Žiemoj paskęsti.

Kur laikas stovi,
Nelieka ašarų lyg šydo.
Užmiega pasakos
Ir baisiai šalta.

Bet kaip pamiršti,
Kur žemelė tuksi?
Kur saulės zuikutis ūseliais kutena?
Kur pilve tyliai miega drugelis?

Lietau, nuplauk,
Pavok mano bevaisią Tylą.
Juk lengva...

2022.12.09.

Užmerk mane

Duok išgerti paskutinį lašą tavęs
Pasivoliok mano minčių narve
Atsigauk
Nukirpk kiekvieną gyvą siūlą
Užmerk tyla mane
Pavirsk slibinu
Lediniais dūmais mane dusink
Kol vyzdžiai pajuoduos
Apaks
Veidus sukeisk
Gražiai kuždėk kitam veidui
Pasakas.

Sulūžusi dudelė.

2023.02.23.

Perlas po lietaus

Iškrito ašara,
Tyra lyg perlas po lietaus.
Užspaudi lūpomis žodžius
Ir sutrypi, ko laukei.
Ir rankose užgniaužus,
Lyg apleisto vaiko sindromą,
Akių vyzdžius traiškai.
Kai kūnui gėda
Ir mintims nepatogu,
Sunku ištarti "labas".
Smagu, nors piešiasi
Ir kojos smarkiai kasosi.
Atrišti, atvėsti,
Muzikoj nurimti.
Susiskaičiuoti likučius
Įkvėpto oro.
Sulesti tai, ko siela prašosi.

2023.09.18.

Žydėk

Rytas kutena
Kavos tirščiais
Susiūtas lūpas
Dūmais persunktoj migloj
Dar nežinau
Ar bandau tave įkvėpt
Ar iškvėpt
Kojos vaikšto tavo pėdsakais
Atsisveikinimas
Prisiminimų trynimas
Sau atleidimas
Svetimų lūpų bučiniuos
Pabėgimas
Užmerktuos skauduliuos
Stebiu tavo laimę
Paleidžiu žydėti
Juk rytas lietumi kutena
Atversiu langą.

2023.10.05.

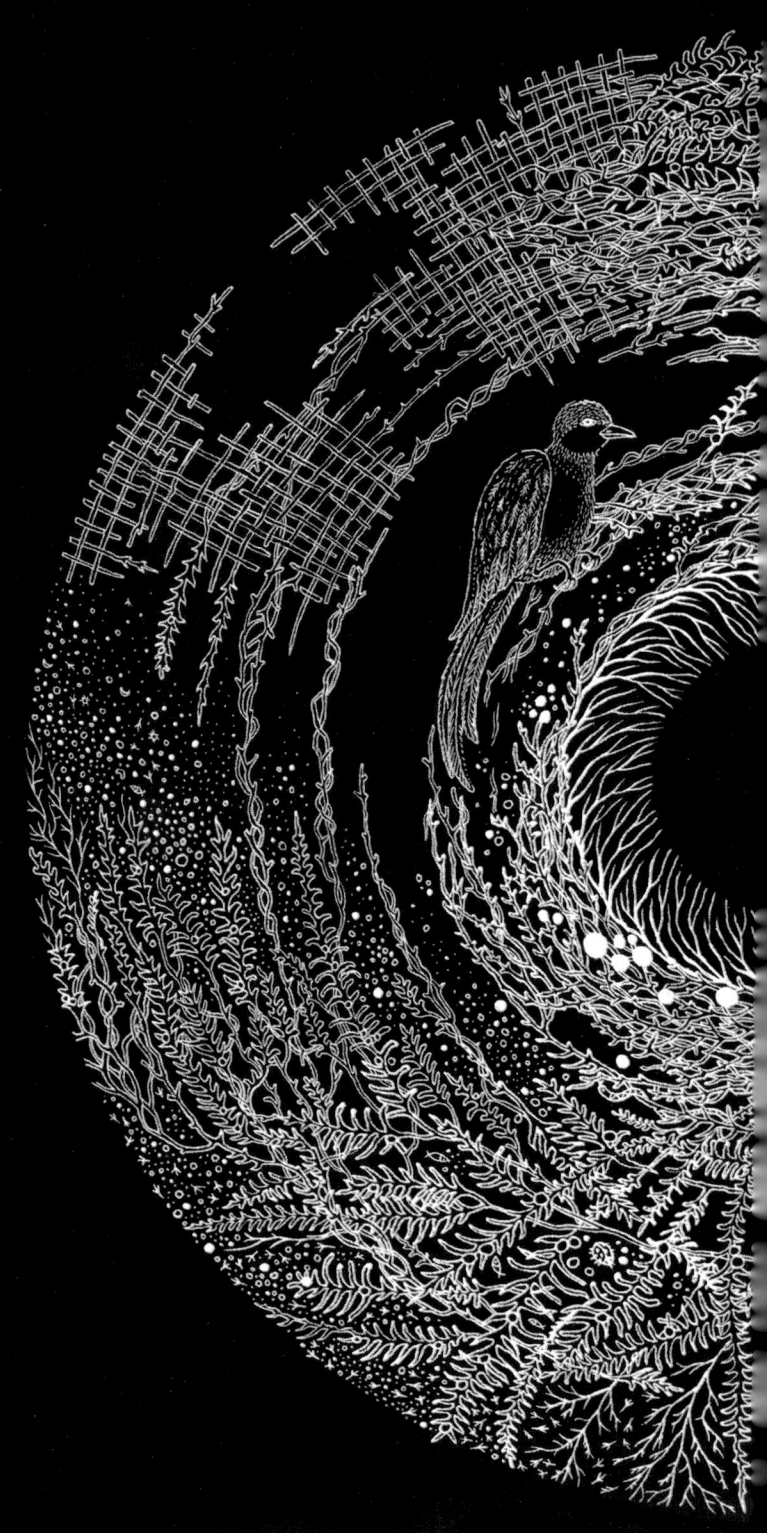

Kadagys

Susisukom lizdą
Ant kadagio šakų
Vienatvės rankom
Susikabinom širdis
Delnais krauju pasidalinom
Dainavom tarp naktinių uogų
Prisirpusias ilgesio serenadas.

2023.02.19.

Malda medžiui

Pratryptomis vabzdžių pėdutėmis
Ateina apsiblausęs ruduo.
Medžių šukuosenose apsigyvena Mirtis,
Pamažu ardydama prikauptas spalvas.
Ji apsikabina storą kamieno žievę,
Bandydama pažadint, kas buvo jėga atimta:
Iš akių, iš delnų išplėšta.
Liesdama sudraskytus į skutelius jausmus,
Iš smūlkių detalių Ji dėlioja save.
Skamba malda surambėjusiui medžiui.
Prie Jos priskrenda vienišas kolibris,
Sparniukais plazda neišsakyta žinia.
Ji užmerkia akis, lyg neprašytą dovaną.
Glausdama gamtos paslaptį,
Ji išrėkia iš savęs gumulą:
"Atiduodu tau viską,
Ugnį grąžinu.
Viltį ir kūną.. ir sielą pasiimk.
Tik leisk man išsiristi iš tavęs,
Iš širdies iškrisk!"

2023.09.04.

Vasaros kerai

Parašysiu tau ilgą laišką tarp nendrių,
Smėlio kopose užklosiu minčių paslaptį.
Jūros pursluose tave užliūliuosiu,
Stebėdama tolstantį tavąjį laivą.

Pasidabinsiu savąjį kūną jūros arkliukais,
Jie mažais dantukais šukuos man sruogas.
Rankomis gniaušiu nuvytusias ašaras,
Lyg kūdykį vystysiu pabėgusį dangų.

Vasara siūbuos ir vilios, jausmus gimdys,
Vanduo palies pašiurpusias mano strėnas.
Aš atiduosiu svajones nubėgančiam rytui,
Pasilikusi sau tik tavo mielų akių gilumą.

2023.06.09.

Pasodink

Užmerk akis…
Ar matai, kaip šviečia pasaulis?
Pro tavo suplyšusius vokus skverbiasi šviesa?
Ar ilgoje dienoje nepamiršti, kas esi?
Ar perskaitai dar vieną knygos lapą?
Ar užrašai paslaptį pabėgusiam sapnui?
Ar nepritrūksti ugnies mylėti?
Ar pasislėpęs po šydu jauties saugiau?
Ar įžiūri pienės pūką,
Susinarpliojusį voratinklyje?
Pasodink į žemę,
Gal išdygs kažkas trapaus.
Nepamiršk palaistyti tų, kurių ilgiesi,
Kartais oro bučinio užtenka sušildyti
Pasiklydusią saulę.

2023.08.29.

Išsilaisvinimas

Po pagalve skaudžiai miegojo sapnas.
Vilties pėdutės dar kabinosi už šiaudo.
Nutrūkęs siūlas niekaip nerado sau vietos,
Tik nakties šešėliai stipriai gaudo.

Pasąmonės gelmėj krapštės kirminukas,
Valgė, ardė, tai, ko nesukūrė.
Darėsi sau guolį pelės,
Trupiniuose, kuriuos nustvėrė.

Pavasaris ateis, nors nieks nelaukia.
Žiemoj nugrims užpūstos žvakės.
Vaiko burnoj pravirks saldainis,
Nes motinos širdies jam nepaduoda.

Ar tikrai išlaisvinimas - Laisvė?
Nužudymas vilties - Paguoda?
Kai šokio sūkury paskęsta saulė,
O mėnuo delno nepaduoda.

Paimk mane lyg moterį,
Praskėsk šlaunis, išsiurbk gyvybę.
Nukirpk akis, sutrink blakstienas,
Išgerk mane lyg nusibodusį skonį.

Aš nemaldausiu, neprašysiu,
Tiesiog numirsiu tau prie kojų.
Neatsigręžk, nesigailėk, juk to ir nori:
Paleisti, ko nepagavai,
Pabėgti, kad vėl vytųs.

Kažkur širdy truputį juoda.
Bet laikas bėga, tai nusišypsok!
Pasaulis ir vėl juda…

2022.12.12.

Ateik

Gersiu tavo kraują prieš miegą,
Lyg apsėsta save liesiu.
Vilku miške staugsiu,
Badysiu raganai akis
Prisiminimais, kurie skaudžiausi.
Žadinsiu kiekvieną nuodėmę,
Kad galėčiau užsikloti.
Drąskysiu ramunėms lapelius.
Kasnakt tave keiksiu:
"Išeik išeik a t e i k !"

2023.02.29.

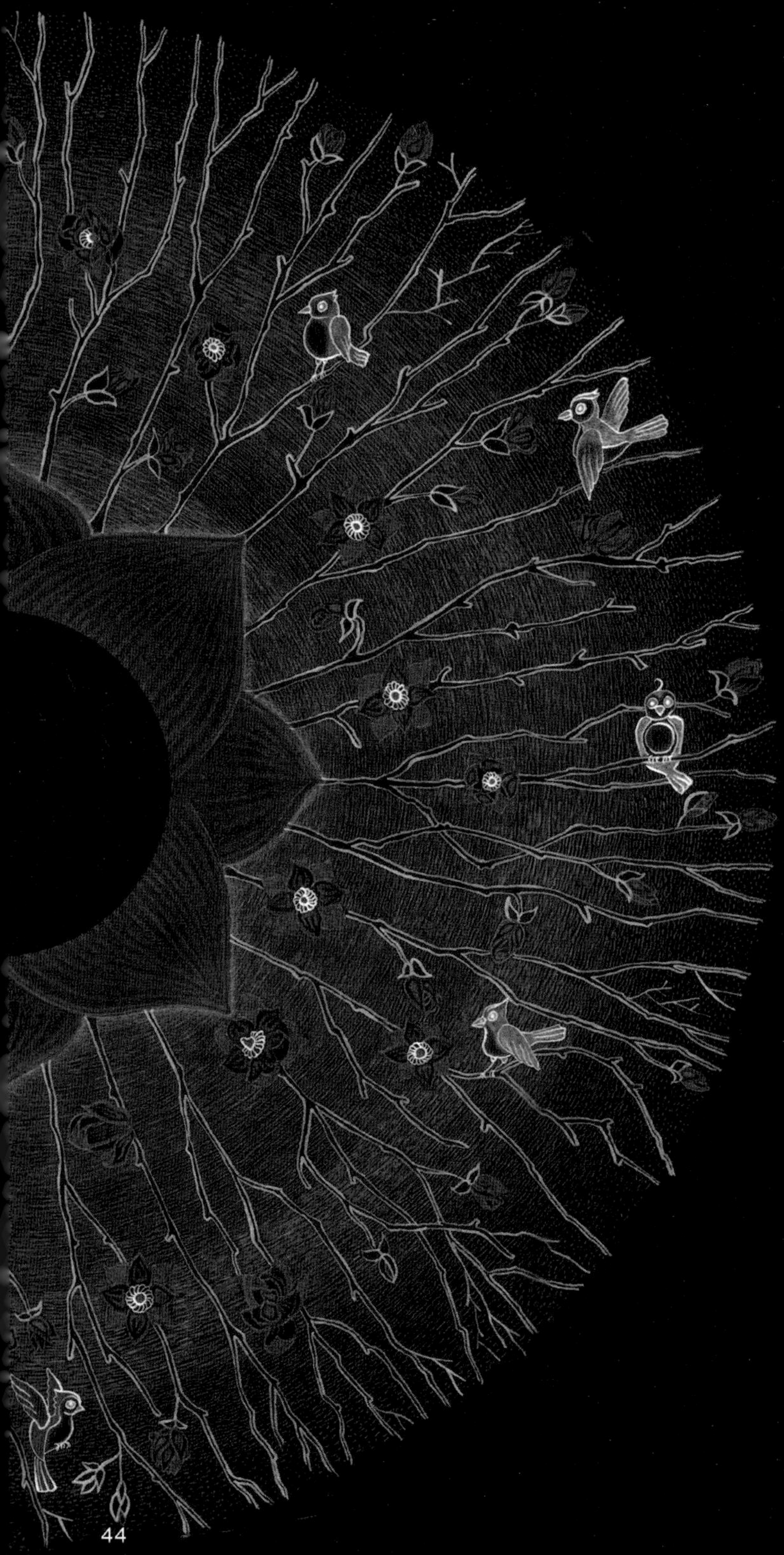

Pavasario naktis

Tarsi pavasario naktis,
Pražysi spygliukais.
Netilpsiu kūne, skaičiuodama
Bučinius ant svetimų lūpų.

Tik lietus nuplaus,
Pagrobęs kvapus,
Kol pūsi žvakę
Sergančios aistros.

Dar nuogom šakom
Ropos vilties nagiukai,
Kol vėjas bizūnu traiškys
Prisiminimus.

Merdėsim,
Matydami vyzdžiuose
Dar gyvos nuodėmės likučius,
Bet ir tai atims delčia...

2023.02.23.

Atleisk

Atleisk jiems,
Už duris uždarytas.
Nemiegotas naktis
Ir dienas prasvajotas.

Atleisk jiems,
Kad nemokėjo mylėti.
Neįstengė svajoti
Ir pasiklyst negalėjo tarp tavo akių.

Atleisk sau,
Kad matai pasaulį kitaip,
Tiki pasakom
Ir myli karštai.

Atleisk sau,
Kad nurimt negali,
Nes lieti žaizdą lyg dovaną
Ir ten mintyse pasiklysti dažnai.

2023.10.19.

Vienatvė

Apsišarvavęs žiemos paltu, beldžiasi ilgesys.
Ji dar netiki, kad vasarą lyja snaigėmis.
Joje tvinkčioja pamažu žudoma liepsna,
Kapt kapt kapt lašeliais ateina naktis.

Retkarčiais, košmaruose, ji paliečia mėnulį.
Pirštais trykšta aštrus kartėlis.
Paskutinis, seniai nurytas kąsnis, stengiasi sušildyt,
Tačiau Ją įsimyli V i e n a t v ė.

2023.08.02.

Atmerk ausį

Kuždesiuose,
Tarp raidžių,
Viena ausis mintį pagaus,
Kita - neišgirs.
Rankoje tavo plaukai,
Liežuvis audžia geismą.
Tarp spalvų lape,
Šoka siluetai.
Vieno akys ieško,
Kito - miega.
Nukramtyti nagai juokias.
Ir vėl suklupai?
Diena per ilga?
Ilgėtis pavargai?
Manęs neradai?
Atmerk antrą ausį.

2023.05.03.

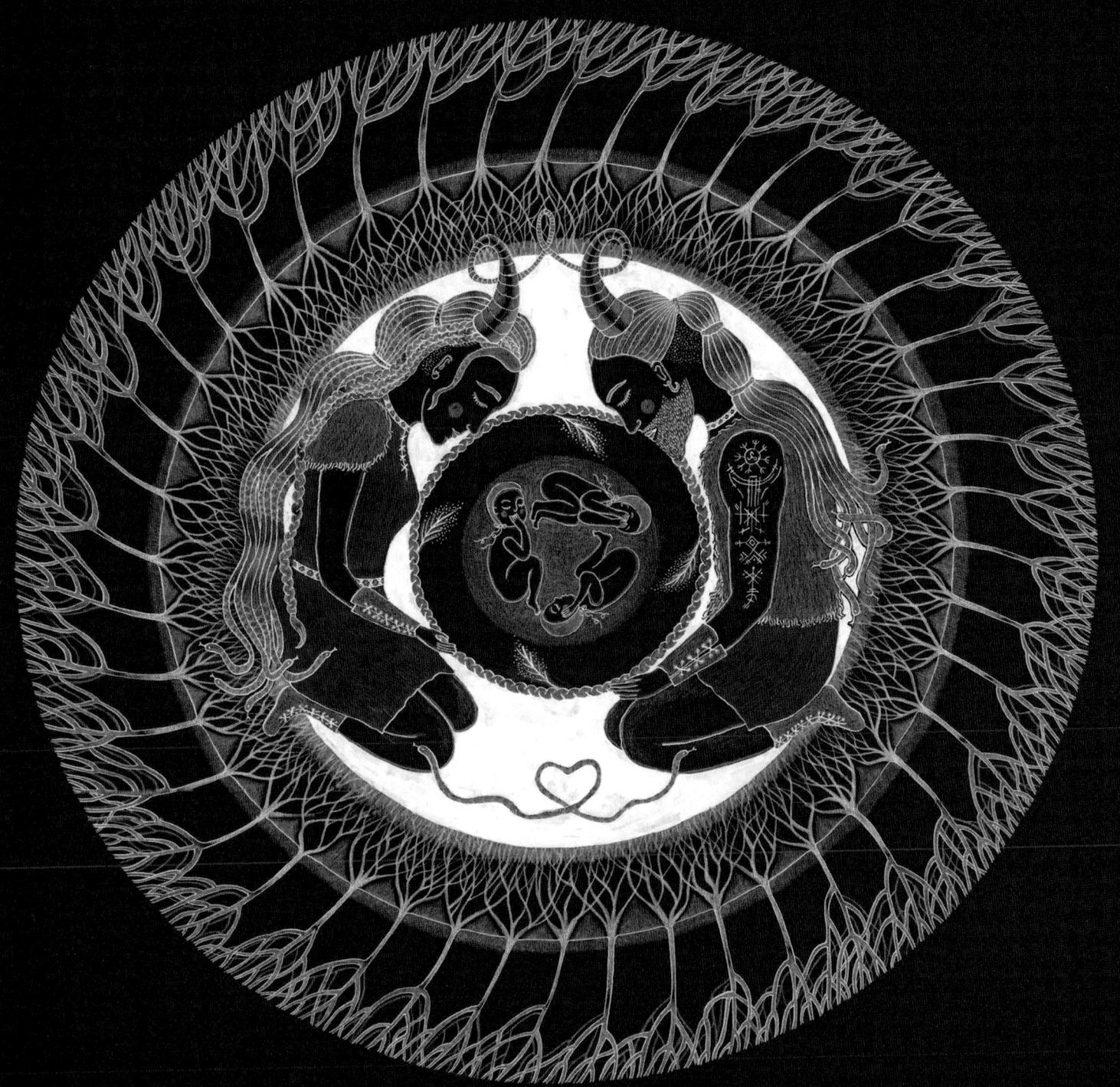

Iliuzinė meilė

Atrasiu tave netikėtai, bet stipriai,
Alaus burbulų ir piešinių rėmeliuose.
Kai laukine virtus mana širdis,
Netilps suplyšusiame gyvenimo inde.

Pamilsiu tave, kaip moteris, aistringai,
Medžių siluetuose ant sienų.
Kur paukščių akytėse tirpsi,
Glamonėdamas mane nuodėmingai.

Aš pasiūsiu tau rūbą, aprengsiu.
Šildysiu kūną mintimis ir geismais.
Tu dėvėsi mane ir juoksies,
Naivumu ir mano veiksmais.

Aš suversiu tau sapno karolius,
Iš ugnies ir vilties labai bailiai.
Tu nešiosi mane prie krūtinės,
Nesuvokdamas, ką man padarei.

Aš lankstysiu tau origami iš lapo,
Žmogaus didumo paukštę galingą.
Tu paėmęs viską naikinsi,
Ir sakysi, kokia aš emocinga.

Atiduosiu tau paskutinę suknelę,
Mėlynai žalią lyg dangaus beribio,
Tu karpysi varlėms akis ir blakstienas,
Kol tyliai mirsiu iš iliuzinio šalčio.

Aš dalinsiu save eilėmis ir paveikslais,
Dovanosiu beribį laiką ir jausmą.
O tu užversi duris tylos spąstais,
Net nepabandęs pažinti mano sielą.

Aš išplausiu tau galvą šampūnais,
Gamtos ekstraktais kvapniaisiais.
O tu kalbėsi visiems baisiai garsiai,
Koks esi begalo dvasingas.

Kasnakt tavęs lauksiu po pagalve,
Kad ateitum į sapną, alsuotum į ausį.
Užmerktom akim tave piešiu,
O tu kaskart pavirsi į šešėlį.

Bėgančiais mėnesiais tavęs lauksiu,
Lyg alkanas vaikas, negavęs saldainio.
O tu grožėsiesi savim veidrody aiškiai,
Sutrypęs sparnus šio naktinio drugelio.

Dar ilgai užmerkus akis tave regėsiu,
Ir klosiu ašarų patalą likimui vilties.
Bet kasdien vis labiau užaugsiu.
Drąsiau ir tvirčiau link užmaršties.

Ir žiemoje užgęsus, aš pagaliau nubusiu.
Iš šio ilgo beprasmio žaidimo.
Ir visu vidumi pagaliau pajusiu,
Kaip reikėjo man šio atgimimo.

Ir tuomet neliks baimės paleisti,
Žiūrėti į tave ir šypsotis.
Pamatyti, tai ką visad man rodei,
Aš tik nemokėjau (nenorėjau) skaityti.

2023.02.01.

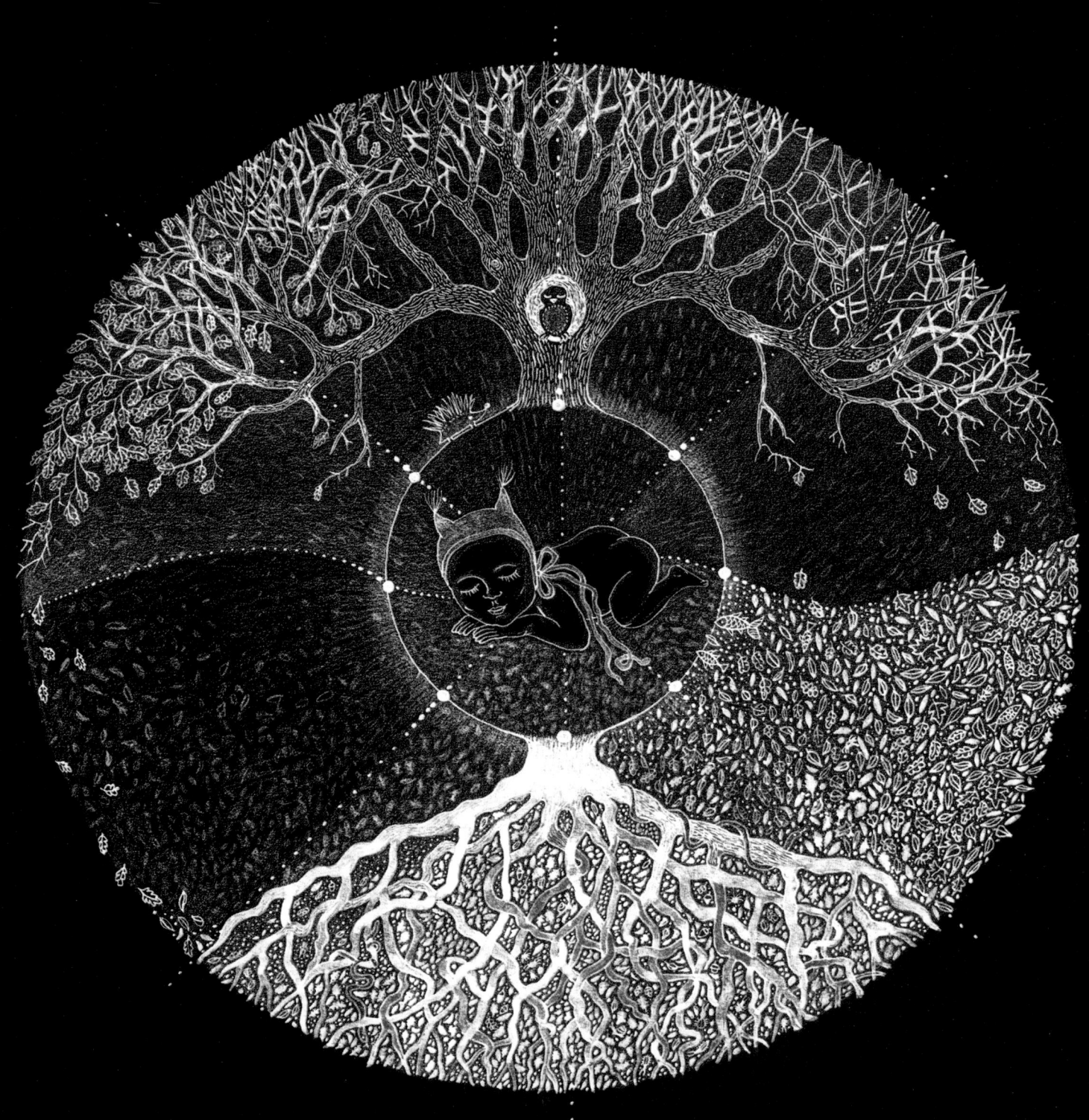

Nemiga

Besistiebdama iš sapno,
Susivėlusiais žuvies plaukais,
Kėlėsi nemiga.
Katės pėdutėse miegojo vakarykščiai
Trupiniai dienos.
Aš žydėjau košmarišku juoku,
Iš baimės būti.
Blakstienomis lašas po lašo lipo boružėlė.
Aš jas traiškiau pletne.
Ausyse veisėsi vijokliai,
Nuo žodžių, kurių neištarei.
Kažkur vis dar tuksėjo širdis,
Išmėtyta netikrų lūpų kampučiuose.
Tik palieti, ir subyra iliuzija,
Kol krapštais iš duobės
Pasiklydusioj pagalvėj.

2023.02.06.

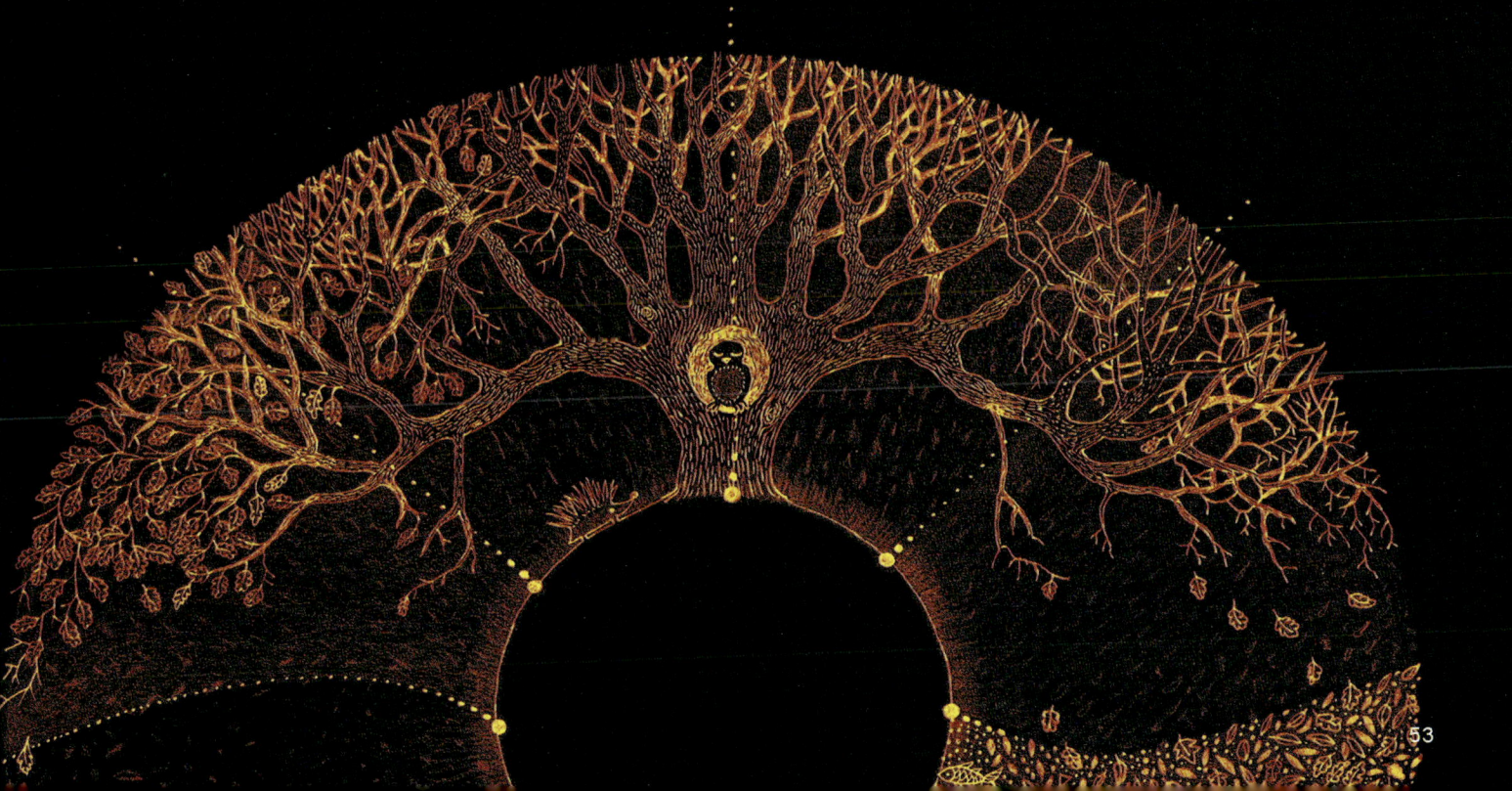

Žiema

Ten miške
Po snaigėmis
Sau guolį išsikasė
Šaltam patale
Pasimetus
Vokais užgriuvusiais
Skaičiuodama kūnus
Kaip trofėjus
Besirangydama
Slidžiais liežuviais
Tuščiais žodžiais
Besikartojanti dainelė
Žiemos pėdutėse nuvytę
Jos pečiai pavargo
Ir muzikoj užgeso saulė
Ryto sulaukti
Akis atrišti padėk
Ilgesio dulkes susiurbti
Užmiega besvajodama
Palindus po kaldra
Gal niekas nepasiges
Neieškos atsakymų
Nes negimę
Ir tas laukimas tiesos
Smaugia aštriais nagais
Užmiršti gi laikas

2023.11.27.

Mamai

Nupinsiu tau gėlių vainiką,
Saulėgrąžų akytės tau žibės.
Šukuosiu dailiai samanotą galvą,
Ten pasakomis mirgės.

Apvysiu stipriai tavo kūną,
Savo jausmais meilės.
Girdėsiu brangią tavo dainą,
Atsineštą vaikystės.

Suspausiu stipriai tavo delną,
Nuoširdumu be baimės.
Sapnuosiu tavo gražų juoką,
Svajonėse virš saulės.

Ir pievoj tavo veidą,
Paženklins laiko rievės.
Užuosiu tavo medaus kvapą,
Kol dūgs darbštuolės bitės.

Myliu ištarsiu tau į tylą,
Aidas nuneš link nakties.
Bėgsiu per beprotę pievą
Ten takučiu link širdies.

2023.12.04.

Kai mūzos miršta...

Susipainioja pasiklydusios raidės,
Nuvysta mylimiausios gėlės,
Užsimerkiu ir nematau tavo veido,
Ar tiesiog žudau tave kitais.

Piešiniai - tik juodos dėmės,
Nes pamiršti palaistyti įkvėpimą.
Žmonės - tik negyvos lėlės,
Pamiršti nusipirkti trintuką.

Ir saulė migloje ištirpsta,
Lieki vienas kovoti su šešėliais.
Drugeliai negrįžta ir paukščiai nečiulba,
Dainos nustoja žavėti.

Ir tylos prisigėręs,
Tavo vienišas kūnas
Skaudžiai ilgisi nubėgančios,
Mirštančios mūzos.

2023.06.20.

Amžinai

Tavęs nebėra
Niekada ir nebuvo
Ieškot pavargai
Savęs neradai
Net naktis nepadėjo
Rūke paskendai
Žiūrėt pavargai
Pasiilgai kvėpuot
Kam kankint
Juk ne tu pagimdei
Sapne paskandint
Juk ne tu gaivinai
Tad užmerki akis
Tai ne tavo lemtis
Lai sugriūna sapnai

Amžinai amžinai

2023.06.17.

Upės kalba

Atsistoju ant žalio akmens,
Slidaus samanoto.
Brendu vis giliau ir arčiau,
Kur lydekos savo grobio tyko.
Kojos pačios bėga ir trypia,
Nes pavargo ilsėtis.
Saulė akį užmerkia,
Ir visur begalo šlapia.
Meduje - tavo skonis,
Pirštų galiukuose - kūnas.
Sielos lašelius skaičiuoju
Ir brendu susirinkti kiekvieną.

Upe, upeli, pasakyk,
Ar prikelsiu iš miego
Susirangiusią tylą?
Ar uždegsiu paskendus,
Neužgimusią meilę?

2023.06.08.

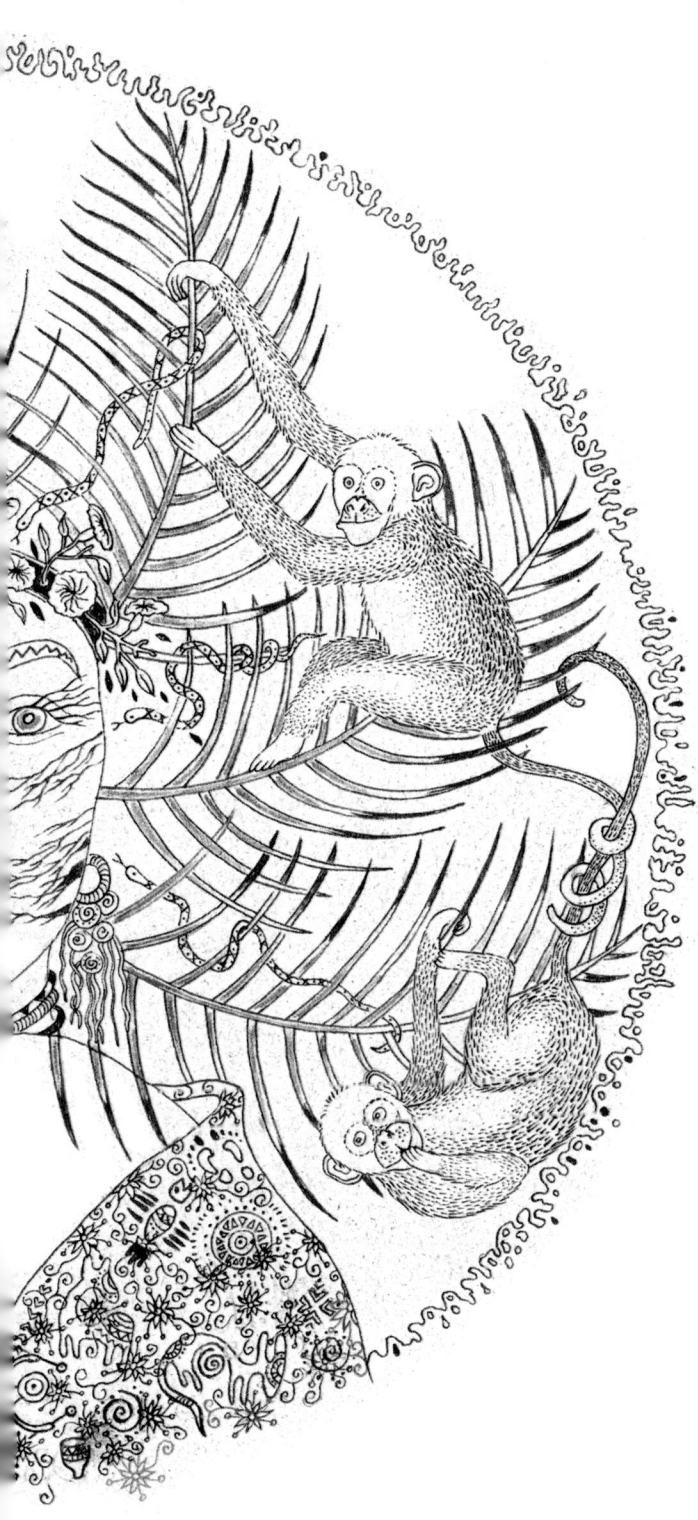

Beždžionėlė

Ten aukštai,
Šakose, išsigandus,
Pravirko beždžionėlė.
Ten liūdnai,
Dantis sukandus,
Ji sukalbėjo maldelę.
Ten grakščiai,
Kamieną apkabinus,
Atidavė viską, ką brangino:
Meilę pievoms išdalino,
Geismą - atidavė besotei upei,
Viltį - pasipūtusiai naties saulei.
Ir tada, žvakę užgesinus,
Beždžionėlė
Akmeniu sustingo.
Ir niekas daugiau
Jos verkiančios nematė.

2023.12.06.

Vardas ant smėlio

Nėra minties, kurios nemokėčiau užrašyti.
Galiu kasdien lieti save rytais
Ir laidoti, dienai pasibaigus.
Ir paslėpt galiu po pagalve juodulius
Arba išrėkt kiekvieną skaudamą žaizdą
Dangui į ausį.
Tarp meldų užkasti pjaustomą kūną tyla,
Iškraujuoti patalą meilės kalba.
Kai narvelis per ankštas,
Susprogsti, kaip balionėlis, kito akyse.
Nevisi pirštai sugeba tave pasivyti.

Užrašyk ant smėlio savo vardą.
Kai saulė patekės,
Aš jį sugebėsiu perskaityti.

2023.08.25.

65

Šoksiu

Šoksiu, kol kojos mane neš,
Kol skaudins mintis užspaudęs ilgesys gyvenimui.
Šoksiu, kol supuvę trupiniai byrės,
Ir kol vėjas nostalgiškai tave atneš.

Grosiu visais užgesusiais žiemos varpais,
Sukandus lūpas kaupsiuos atgimimui.
Grosiu, kol išdavikė pieva vėl pražys sapnais,
Ir būryje rankų tavasias aš paleisiu.

Dainuosiu širdį seniai nutilusiom natom,
Nevisi medžiai atrakins manas kasas.
Dainuosiu, kol pažadinsiu vilką paslapčiom,
Ir staugianti į dangų aš tave išrėksiu.

2023.12.07.

Laumė

Užburk gyvenimui
Geismais
Nuplėšk nuometą
Obuolio duok atsikąsti
Pavirsk vabalu
Naktimis vaidenkis
Sapnus atmerkęs
Laužo liepsnoje
Kvėpuot išmokyk
Glausk stipriai
Kol ant aukšto kalno
Šokio sūkury
Aš akla Laume virsiu.

2023.12.08.

Žuvys

Vandens garbanose
Šildosi atimti sapnai
Lyg gaudyklės
Nuskendę žuvys raizgo
Amžiną patalą
Paišydamos
Gyslotus paveiksliukus
Ant pavargusio veido

2023.12.08.

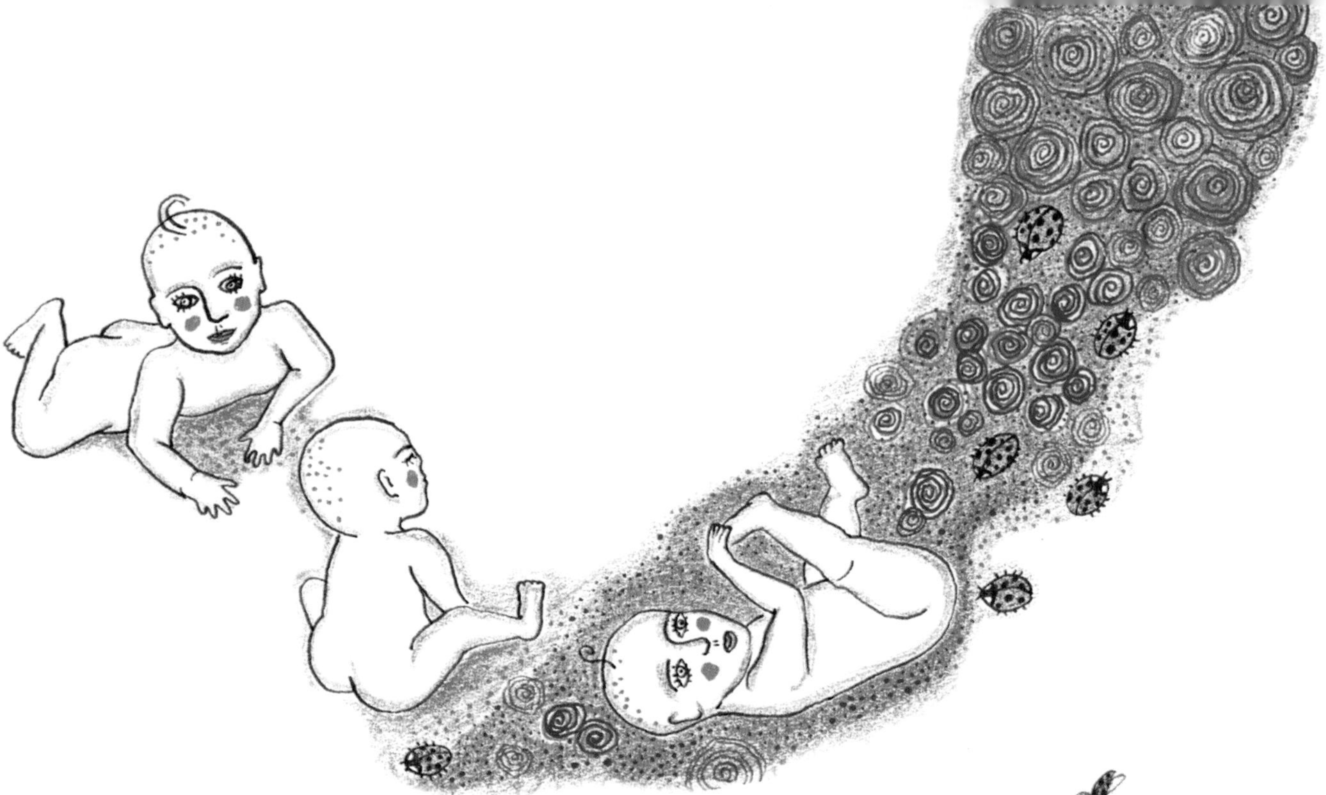

 Lopšinė

Miegok, vaikeli,
Aguonėlės siūbuodamos dainuos.
Miegok, mažyti,
Lopšine tavo akeles bučiuos.
Miegok, sapneli,
Mėnulis sparniukais
Žvaigždėtą pasaką tau seks
Miegok, branguti,
Boružės upeliu pėdutes tau kutens.
Užauk, vaikeli,
Stiprus lyg ąžuolo šaka.
Užauk, mažyti,
Jautrus lyg ašara mana.
Užauk, sapneli,
Gražus lyg pasaka šita.
Užauk, branguti,
Tyras lyg vakaro rasa.

2023.12.08.

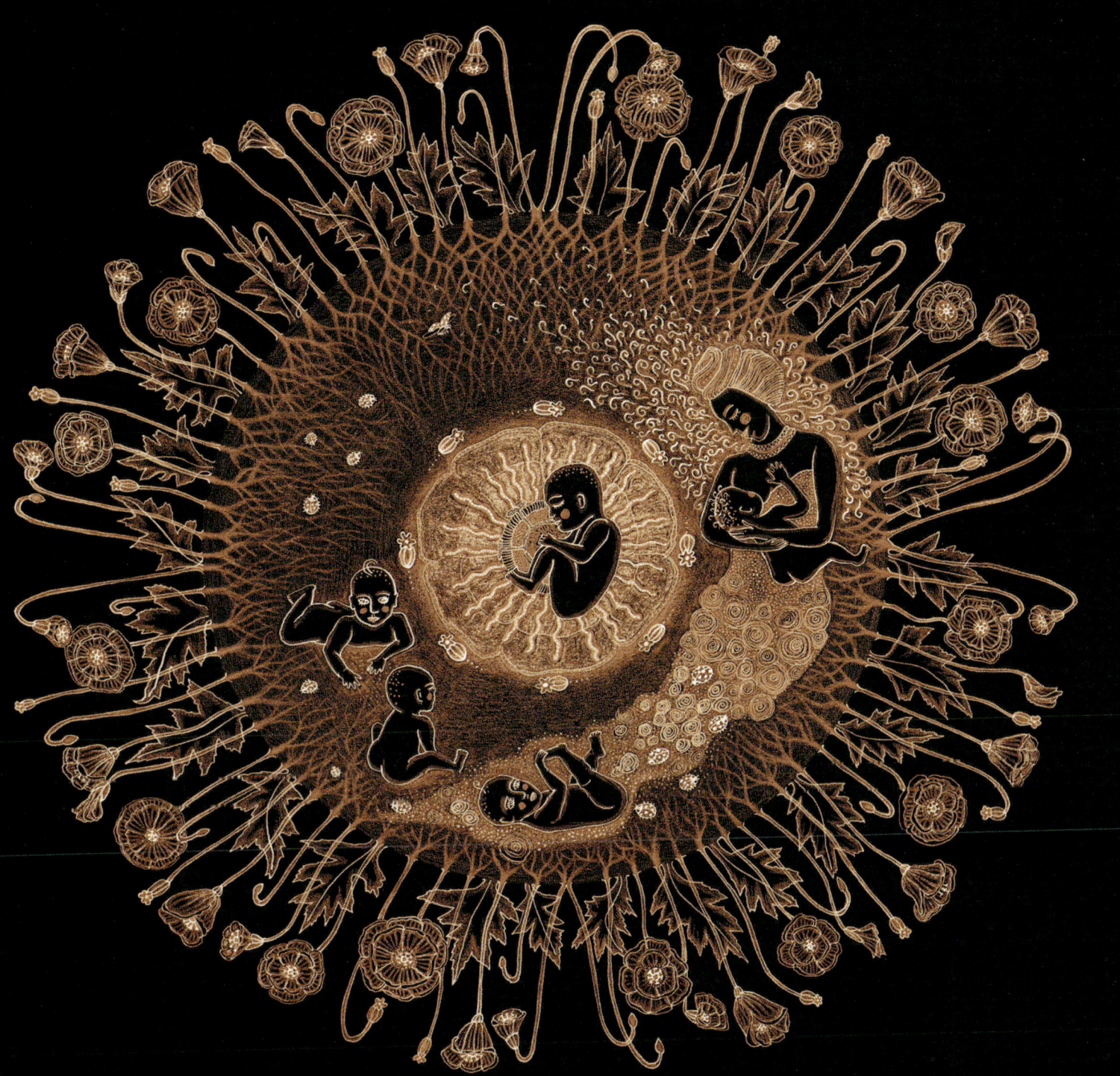

Paparčio žiedas

Įsčiose susipažinsim,
Paslapties miške.
Šaknimis susikabinsim.
Save perskėlę pusiau:
Aš - tave, o tu - mane.
Paparčio žiedais pražysim,
Vienodais, kaip du rasos lašai delne.
Vienu širdies dūžiu plaksim,
Tyliai mamos ašaras skaičiuosim.
Ir iki paskutinio oro gūsio,
Pasikvėpinę ilgesiu,
Vienu sparniuku plasnosim.

2023.12.22.

Ruduo

Miškas paslaptim alsuoja
Ruduo gyvybę dovanoja
Žemuogės rankytėm moja
Lapų guolyje meška sapnuoja
Nuo jausmų galva pulsuoja
Medžiai paukštelius šukuoja
Sraigė tyliai atžingsniuoja
Lapė vaikelius skaičiuoja
Gamta pasaką dainuoja
Akyse man mirguliuoja

2023.12.08.

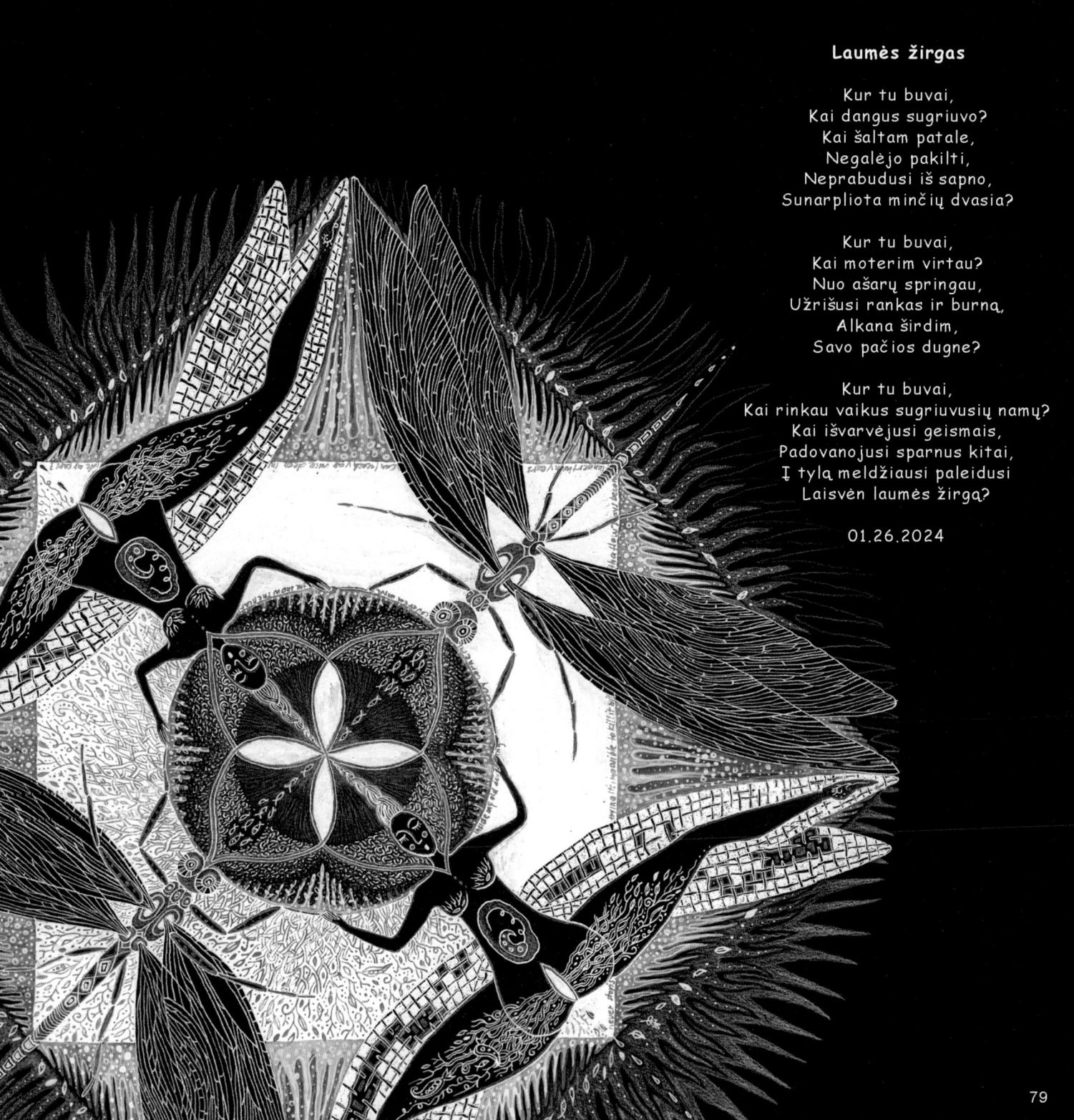

Laumės žirgas

Kur tu buvai,
Kai dangus sugriuvo?
Kai šaltam patale,
Negalėjo pakilti,
Neprabudusi iš sapno,
Sunarpliota minčių dvasia?

Kur tu buvai,
Kai moterim virtau?
Nuo ašarų springau,
Užrišusi rankas ir burną,
Alkana širdim,
Savo pačios dugne?

Kur tu buvai,
Kai rinkau vaikus sugriuvusių namų?
Kai išvarvėjusi geismais,
Padovanojusi sparnus kitai,
Į tylą meldžiausi paleidusi
Laisvėn laumės žirgą?

01.26.2024

Aukso skrynia

Popieriaus lape
Tave nupaišysiu.
Be veido,
Pasiklydusiam delne.

Išsiuvinėsiu tau plaukus gėlėmis,
Sraigėmis apdėliosiu,
Palaistysiu ryto rasa,
Medžio kamiene tave paslėpsiu.

Ateisiu pas tave kasdiena,
Atidarysiu tau mintį kiekvieną.
Dainuosiu lopšinę,
Gardžiai bučiuosiu daina.

Susiūsiu kiekvieną tavo žaizdą,
Liūdesį išgersiu,
Meilės laiškus įpūsiu,
Kol nurims tava tamsa.

Prasiskleisi lyg pavasario magnolija,
Ir veido bruožai atsiras.
Upeliais išvarvėsi,
Ir nusiris tylus akmuo.

Kaip aukso skrynia atsiversi,
Pasakomis nušvis naktis.
Blakstienomis susikabinsim,
Ir ilgai šiltam glėby mane laikysi.

2023.04.19.

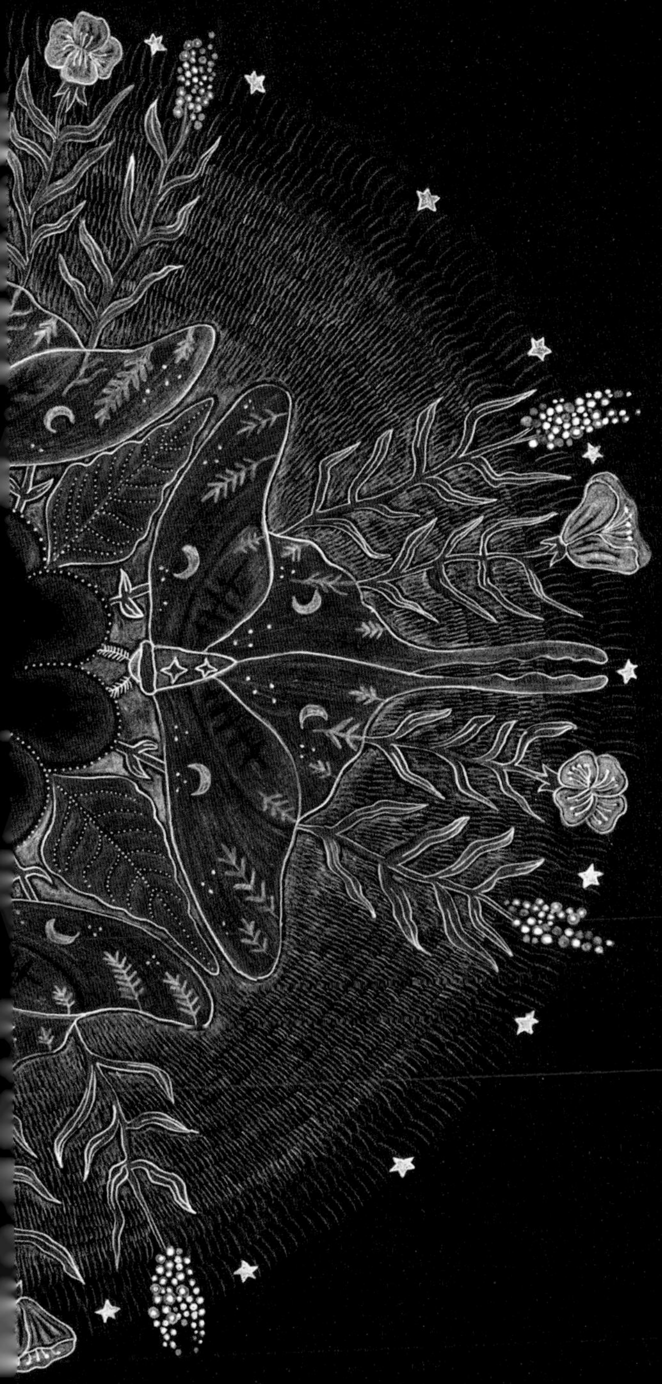

Smėlio pilis

Nužudžiau save ir pamiršau,
Nakties realybėj tolo akys.
Kai muzika blaškėsi narve,
Išlaisvinimo maldavo Siela.

"Susikeiskime veidais" - prašėsi Mėnulis.
"Noriu apšviesti besnaigę tavo žiemą."
Delnas šąlo vienas ugnyje,
Norėdamas pamilti savo atvaizdą lede.

Kaip susirinkti likučius savęs?
Statyti smėlio pilį audroje?
Noriu numest iliuziją kaip grandines,
Noriu paskęsti tavo skony.

Atsimerk, atsimerk, Žmogau!
Besparniai drugeliai kažką šnabžda.
Subyrėk, subyrėk, širdie!
Tu per stipriai myli.

2022.12.08.

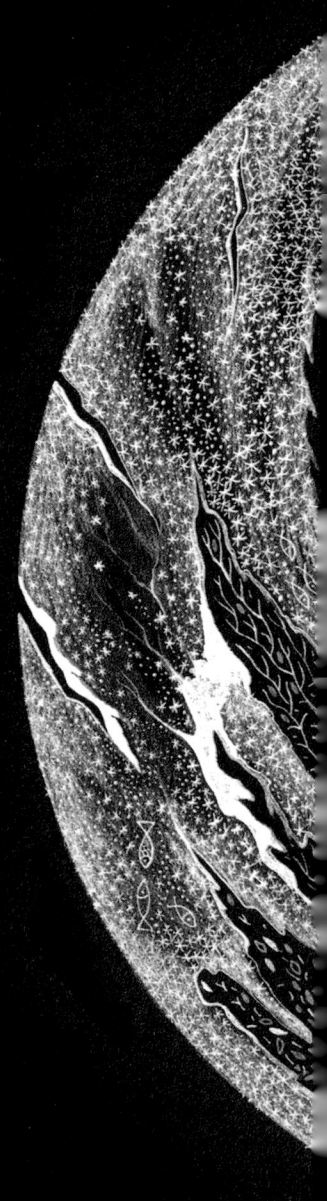

Dviese

Tarp ledo ir ugnies
Yra didelė tuščia erdvė.
Tai erdvė, kur gimsta mįslės
Ir nenurimsta šėlstantis dangus.

Pasuksi veidą į vieną pusę,
Ten slibinas tyko atidaręs nasrus.
Pasuksi veidą į kitą pusę -
Ten beakė nežinia, tvinksinčiom gyslom.

Gali maitinti arklį kiek nori,
Jei jo širdis ledinėj pusėj,
Jis tavęs nė nepamatys.
Tik suvalgys, ką išplėšusi iš savęs paduosi.

Jei jo širdis ugninėj pusėj-
Jūsų akys susikabins
Nematomom rankytėm.
Ir iliuziniai namai vėl kvepės medum.

Kartais metuose būna tų dienų,
Kai ugnis ir ledas susitinka.
Ir jie siūbuoja jausmus
Lyg sveikus nematomus vaikus.

Tol, kol tiksi stebūklingas laikrodukas,
Skaičiuoja akimirkas lyg gražius sapnus.
Retkarčiais ugnis sušildo ledinę arklio širdį,
Ir jis pasiduoda mieguistui sapnui.

Bet tai tokia trumpa akimirka,
Kad visa tai staiga ištirpsta,
Lyg nelaimėlės nakties miražas.

x x x

Ar kada matėte saulę ir mėnulį dviese?

2024.02.15.

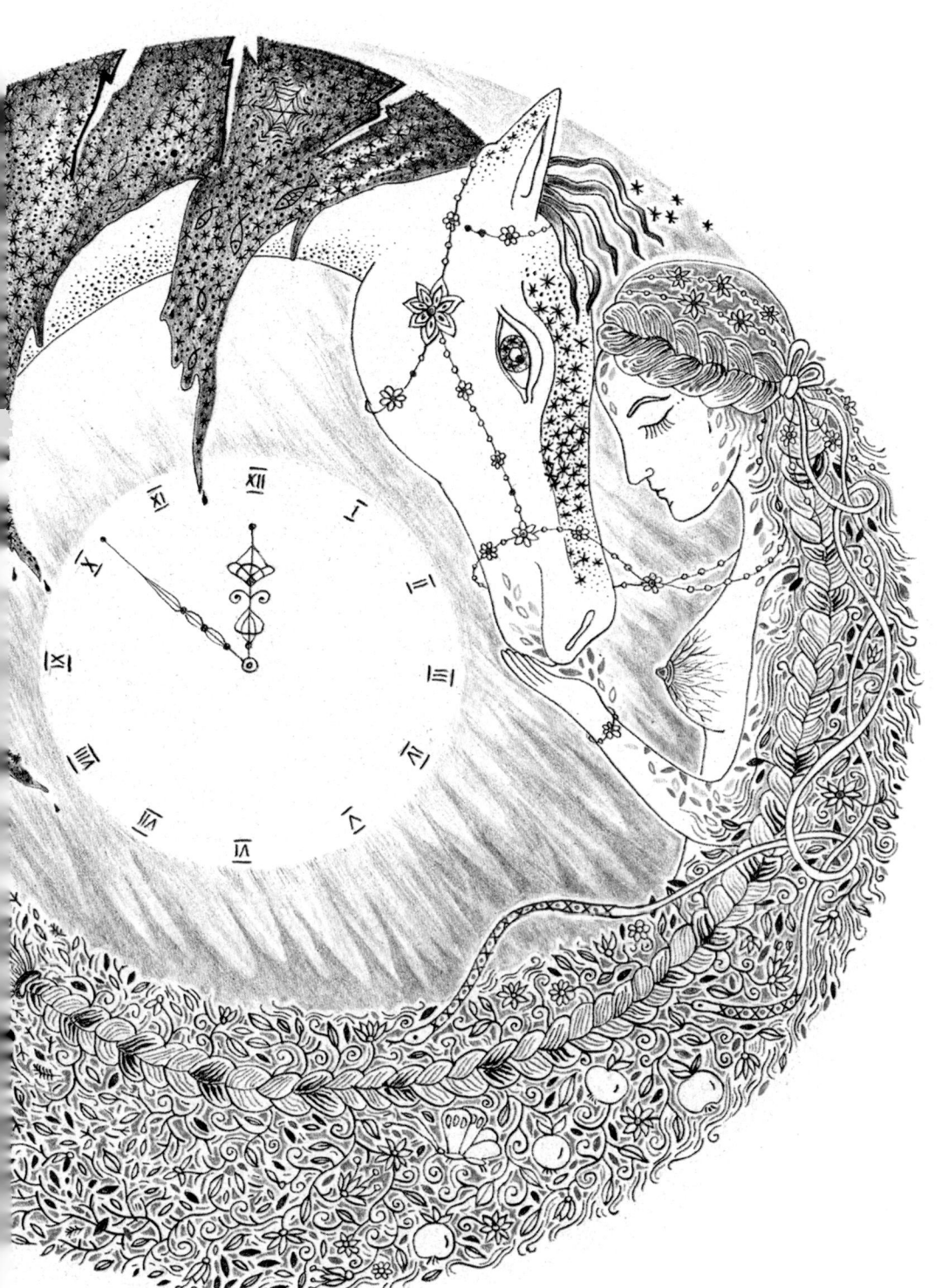

Smilgos

Pavargę šaukštukais,
Miegosime tarp smilgų.
Kol pasakos drugeliais
Man pins kasas.
Tada išauš diena,
Tu vėl pavirsi tuštuma.

2023.04.03.

83

x x x Ramu x x x

Nuva. Ramu.
Ten, kur kadais plakė širdis,
Dabar miega sulankstytos, sudėliotos mintys.
Išdžiūvusiame ežero dugne, lesa ašaras drugiai.
Deda kiaušinius pasiklydusios žuvys.
Žvyras švelniai graublėtas.
Panardinu veidą...
Visos žaizdos užsilopo ryto migla.
Patyliukais nubėga šypsena, upeliu žemyn.
Dar pritvinkusiam debesy, paslėpiu vakar dieną,
Lai nusineša vėjas.

Rytojus bus gražus.

2023.08.15.

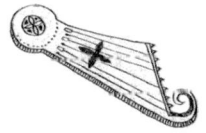

Was I enough?

Was I ever good enough for you?
My big drunk eyes not afraid to hide
Beneath this beauty mask.
Somehow easy things became harder to accomplish
Than difficult stuff,
And I dive in deeply
Into the power of my madness.

I stir a drink of poison and pour it on my lips.
The stringing touch of darkness
Is running through my limbs.
I can smell the dirt of sex
Even on my hips,
There is no hope to find
Only the deadly kiss.

I cry a lot under the sky of dreams,
Where sun and moon are making out.
Where rabbits are making little nests
In my curly frizzy hair.
And now and then I close my eyes
To the future of this flare.

No eyes to kiss.
No kiss to hug.
No hug to love.
No love to find.
No find to kill.
No kill to be...

W a s   I   e n o u g h ?!

01.30.2023

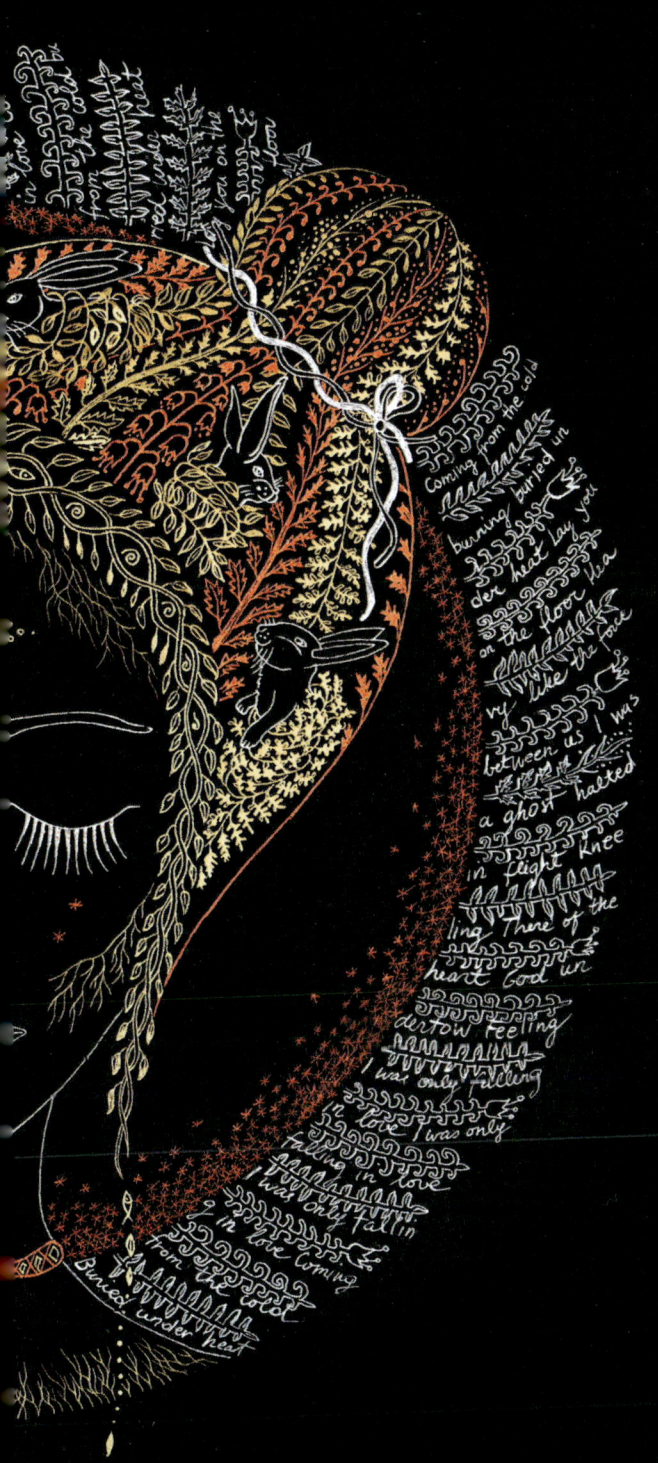

When you're in love with the ghost

When you're in love with the ghost,
Your eyes leak until they die.
Fingers never reach their destination,
Body never stops weeping.

Breasts starving for kiss,
Lips just stop breathing,
Asking for the air to come in.
Sex becomes just a word in the dictionary.

You forget your name.
When you're in love with the ghost,
Time stops and you're in it.
You can't see your light in the mirror,

You become as him,
Just a ghost among ghosts.

06.20.2023

Goodbye

I need to kill you
The way I see you
My heart is too fragile
To have less

I have so much strength in me
To let you go
Those eyes never meant to see
My worth nighter cared for my love

Too empty to loose
The power within me will grow
When the time will pass as I reach my sanity
To see my light, to see my worth

By killing you in my head
Will make me grow
And make me bloom
The way I came here to do so

You can rot in your shadows
And be as cold
As a star never born
I'll do me

I will find a light to breathe again
As you pass by
So just walk by never turn around
Cause what you're looking for

Can't be found
Nor here nor anywhere
So I'll do my best
To kill you inside of me

So you don't do any harm anymore
I will never be the same
But I will never be so small
I'll grow I'll shine

06.30.2023

Gentle eyes

There is something beautiful
In your gentle eyes
One day I find myself alive there
Another day - I die burning
Like a handmade doll
We aren't there are we
Is there anything
I could fix by undoing
Life already took a different path
Only thoughts are still spinning
Some days I believe
I'll find you again in my longing
In never existing
Happy Ending fog

There is something painful
In your gentle eyes
One day
I'll delete myself from there

12.05.2023

To The Unknown

I opened up the window sheer
With my bruised fingertips
I climbed up towards
The madness which was You

I felt a need to save You
And Your hazel eyes spoke to me
You were fragile like a sunbeam
On my skin full of scars

Full of broken pieces
Asking to sew them back up together
I needed to find Your light
Hidden in the corners where
No one is ever looking

More than a breath of a rain drop
Or the wings of a moth
Destroying itself slowly every time
When reaching something warm

I thought my walls can't be defeated
By saving another drowning soul
And even though I told myself
I don't have a power within

I did find the strength to climb up

To The Unknown

Trying to save another -
Feels like saving yourself sometimes
But... my wrists are tied...

09.07.2023

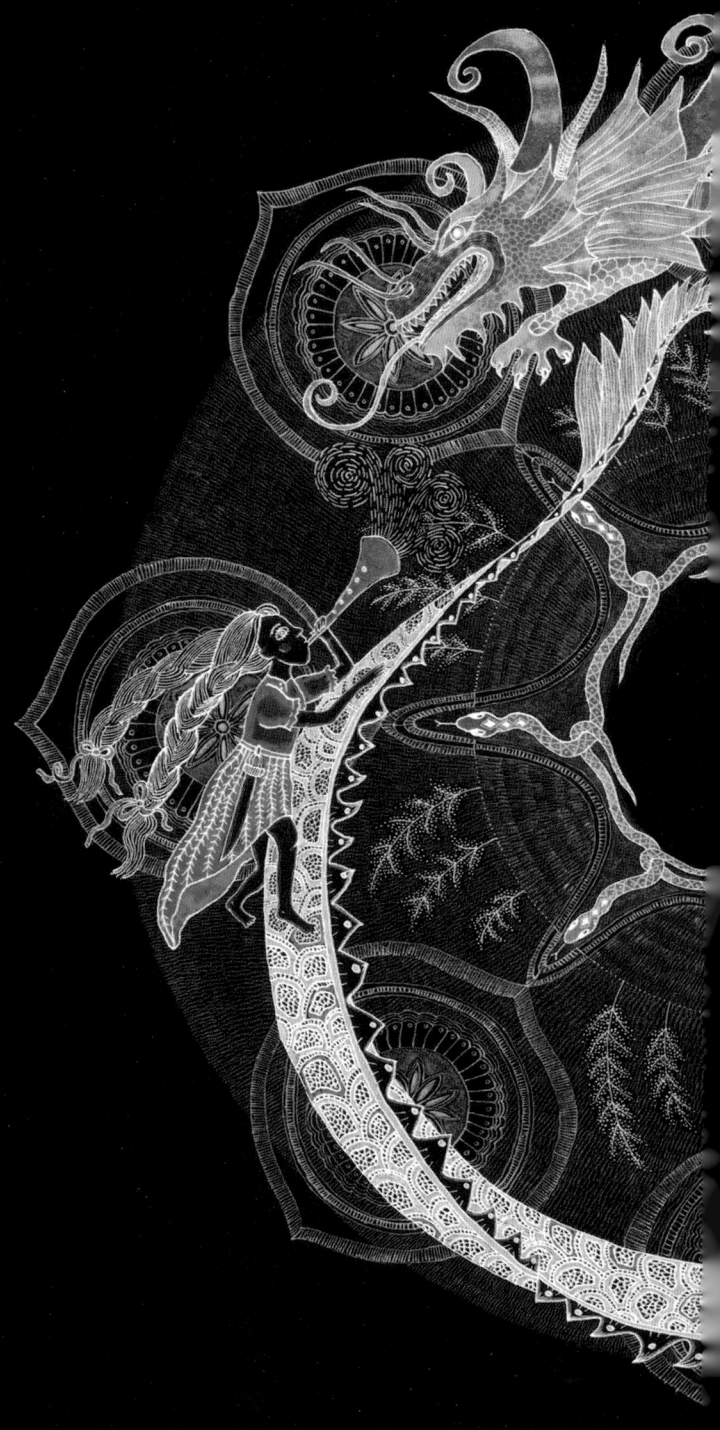

◉ Look at me

Look at me with your eyes closed
Have you ever kissed my lips
Trying to open up the soul who lives
Deeper than your own desires

Look at me with your messy hair
You wake up in the middle of the night
Cause you're too scared of solitude
And the darkness you're living in

Look at me like I'm the last woman
You will love and want
Cause you're too afraid
To let go of your past

Look at me with your heart
Listen to what you hear not what you see
Inside your lungs and soul
While trying to ignore everything that is real

Just look at me while you sleep
I'll be gone by the time you'll realize
How much you needed me to stay alive
And face you hide unseen and ignored

Look at me while I'm here
If you'll find the guts to keep me

06.15.2023

An Empty sound

I can hear the awakening of the morning,
While dawn and fog are still making love
At the presence of my wounds.

The staring eye never shuts and never blinks.
Why do I search for you in my songs and my weeping art?
In every glimpse of the drowning sky,
I only see the emptiness of non-existing you.

I need some rest now.
This tempting suffering of a contagious addiction needs to stop.
Somewhere between a day and night I'm stuck,
Where shadows meet, where there's no you to love.
Just an empty sound of solitude.

And I slowly die while I hear your footsteps.

01.30.2023

A Seed

I finally realized
That you've always loved me
It was a safe love
A seed never grown
It was sent by the sky
Only felt by the bravest

You tried to ignore it
So it won't hurt in the end
You're so strong and smart
But weak at the same time
While I was just a dreamer
Chasing the stars
And broken arrows

And you will not prove to me
That I'm wrong
Your eyes have shown me real
But your passion
Knows how to contain itself
While mine has no end.

09.08.2023

93

Story

Paper cut
Mood swings
An ice cream
In your belly

Cat whiskers
The smokey sky
Finished drawing
In all it's glory

Blurry eyes
Little hands
Liar's voice
Inside his body

Letting go
Coffee cup
Lost in arts
End of story.

06.28.2023

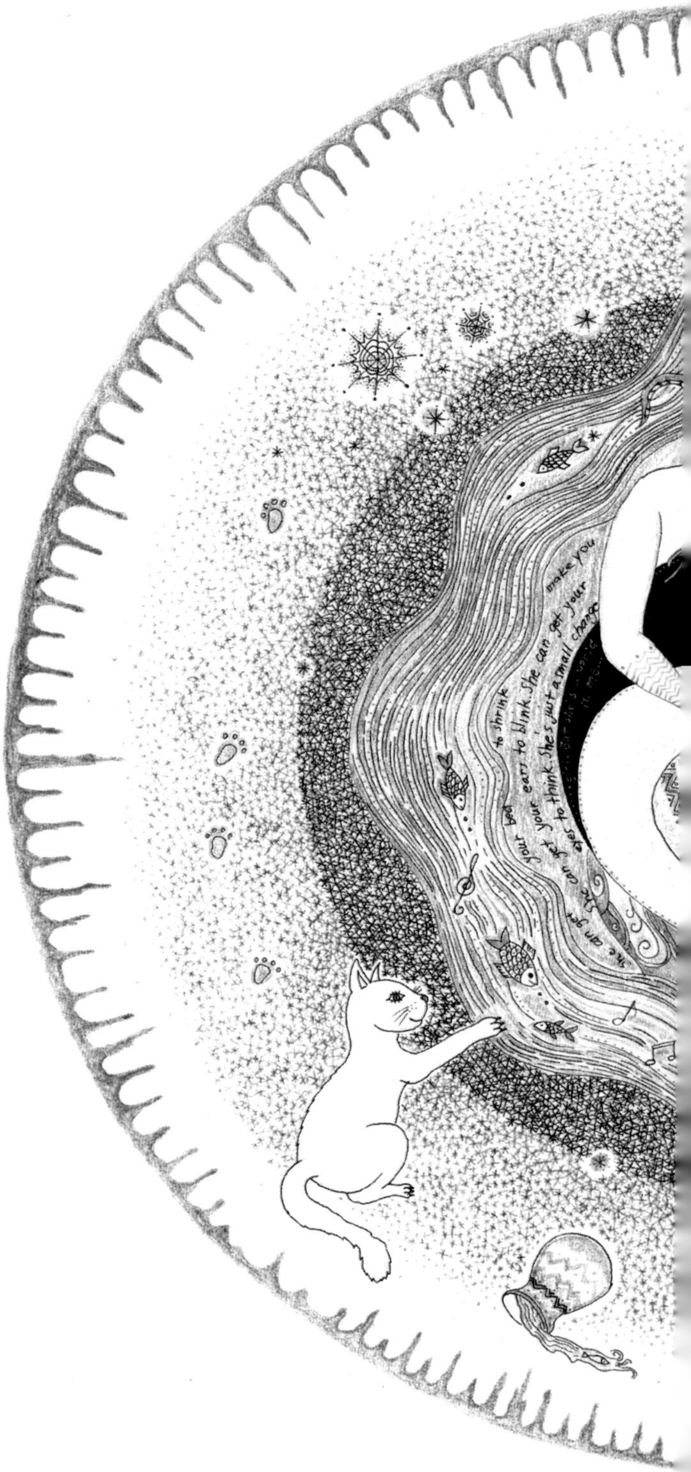

Love poem

If you think I miss you
I don't really
I miss the feeling
Of wanting someone

The sense of desire
I create by drawing you
In my head without fear
Of the rejection

More distant you are
More treasured I see you
Your unreachable touch becomes
The air I breathe and the place I drown

If you think I want you
Don't be so sure
The moment I'll get you
You'll loose my affection

So stay cold
Stay never started story
The memory of Love
I will never have

P.S. and I'll love you f o r e v e r

06.14.2023

95

Lust Of Life

Smell the rain on the darkest night
Feel the touch of a bird's wings
Quietly tickling your caged skin
On the days you're least expecting
Your mind is tired of negative thoughts
About the dreams
You didn't deserve to open
As a sheer on the burning window
Life is too fragile to be waisted
Every winking tree tells a story
Every bursting flower blooms again
After the coldest storm
Listen
You can become a note of spring
When you trust a cycle of your heart
Let yourself heal and take a peek
Even the river washes away the sorrow
The sky always finds it's moon
Your lust of life will be awakened
When you let yourself breathe

07.10.2023

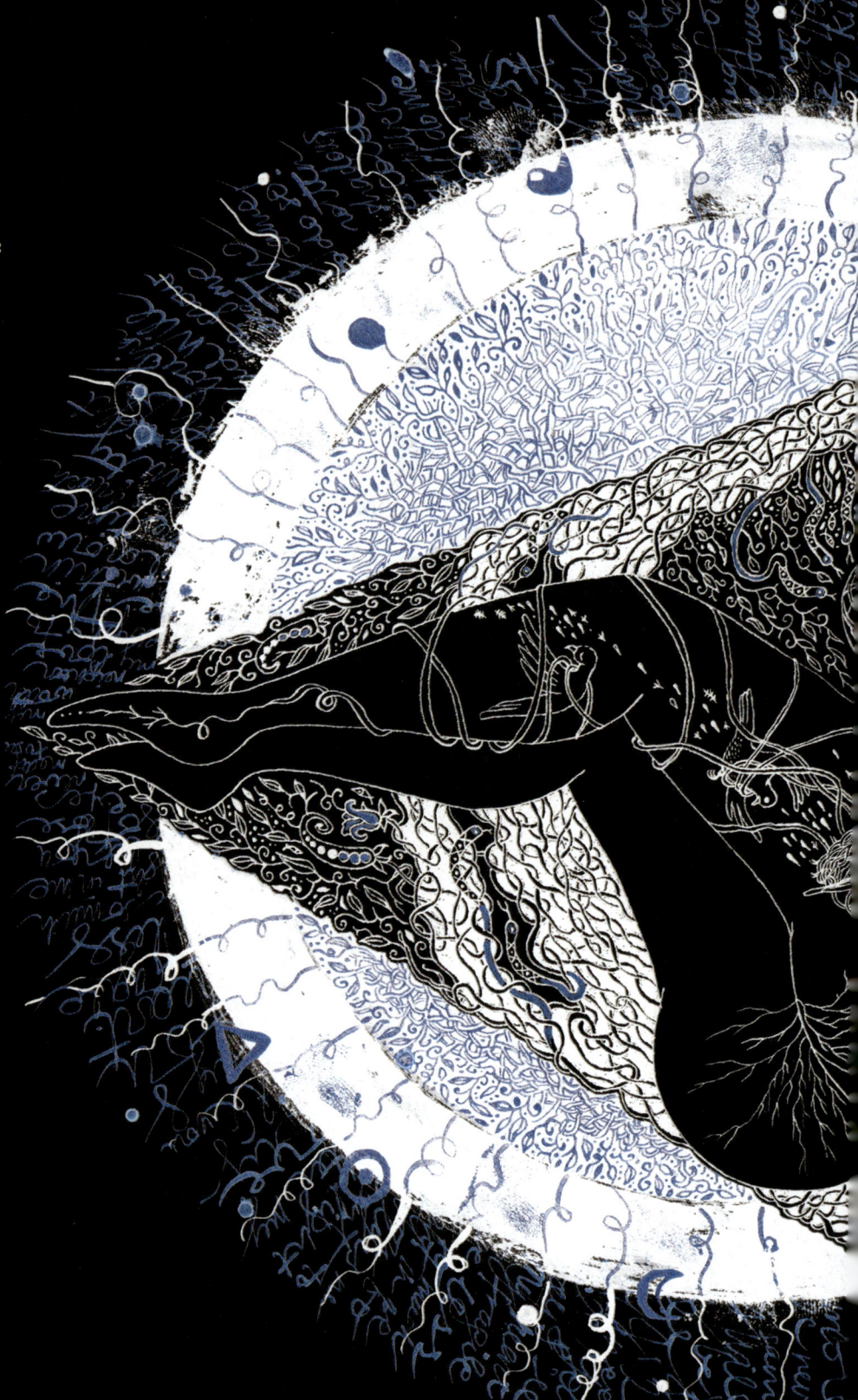

Letter to The Universe

I'm inside my old dying,
Every corner is covered with snow.
The heart never stops trying,
It's impossible to kill it with a flow.
Days become longer than years,
Can I reach your voice deep inside my ears?
I eat reflection with my hungry tears,
Oh, universe, can I keep him this time?
I walk around like a zombie out of fear,
Catching bursting butterflies by
Keeping them alive and saying I am fine.
Days become longer than years,
Oh, universe, give up!
Just let me keep him this time...

09.22.2023

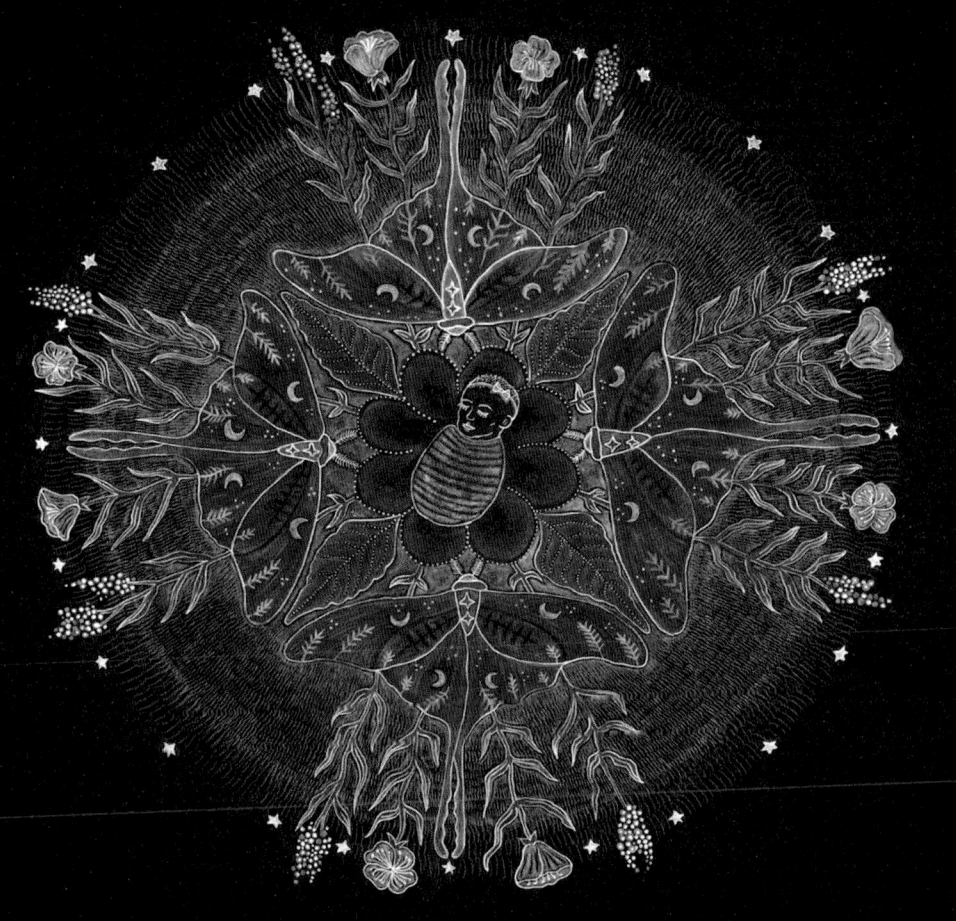

www.justgaba.com
www.justgabastore.com
www.instagram.com/justgaba_photography/
www.instagram.com/justgaba_art/

2024